AF249370

DU

PRÊT A LA GROSSE

CHEZ LES ATHÉNIENS

Paris. — Typographie HENNUYER ET FILS, rue du Boulevard, 7.

DU

PRÊT A LA GROSSE

CHEZ LES ATHÉNIENS

ÉTUDES SUR LES QUATRE PLAIDOYERS

ATTRIBUÉS A DÉMOSTHÈNE

CONTRE ZÉNOTHÉMIS, PHORMION, LACRITE ET DIONYSODORE

PAR

R. DARESTE

Avocat au Conseil d'État et à la Cour de cassation.

———

PARIS

AUGUSTE DURAND ET PEDONE-LAURIEL, LIBRAIRES,

RUE CUJAS, 9 (ANCIENNE RUE DES GRÈS, 7).

1867

C.

DU

PRÊT A LA GROSSE

CHEZ LES ATHÉNIENS

———

ÉTUDES SUR LES QUATRE PLAIDOYERS

ATTRIBUÉS A DÉMOSTHÈNE

CONTRE ZÉNOTHÉMIS, PHORMION, LACRITE ET DIONYSODORE.

———

Parmi les plaidoyers attribués à Démosthène et compris dans le recueil de ses œuvres, il s'en trouve quatre qui ont été composés pour des affaires de prêts maritimes, ou contrats à la grosse aventure. Ce sont les plaidoyers contre Zénothémis, Phormion, Lacrite et Dionysodore. Ils nous fournissent sur cette partie du droit athénien des renseignements d'autant plus précieux qu'ils sont uniques. De tout temps ils ont attiré l'attention des savants, et pour ne pas remonter au delà de ce siècle, nous pouvons citer en France M. Pardessus [1], en Hollande M. de Vries [2], en Allemagne M. Bœckh [3] et M. Arnold Schæfer [4]; mais

[1] *Collection des lois maritimes*, t. I, chap. II.
[2] *De Fœnoris nautici contractu apud Atticos*, Harlem, 1842.
[3] *Staatshaushaltung der Athener*, 2e édit., 1851.
[4] *Demosthenes und Seine Zeit.*, t. III. Leipzig, 1858.

quel que soit le mérite de ces travaux, le sujet est encore loin d'être épuisé. Plusieurs points ne nous ont pas paru expliqués d'une manière satisfaisante. Nous allons essayer d'en donner l'explication et de coordonner en même temps les résultats obtenus par nos prédécesseurs. Nous ferons suivre ce travail d'une traduction complète des quatre discours. Une traduction est en effet le meilleur des commentaires, et malheureusement les plaidoyers civils de Démosthène ne sont pas encore traduits en français, car on ne peut compter pour rien ni le travail d'Auger, ni surtout celui de Stiévenart. Ce dernier, par exemple, sans parler des non-sens qu'il accumule comme à plaisir, transforme les procès civils en affaires criminelles ; à la demande il substitue la plainte ; à l'assignation l'acte d'accusation. Le demandeur et le défendeur deviennent l'accusateur et l'accusé.

I. La première question à résoudre est celle de l'authenticité des quatre discours dont il s'agit. Déjà du temps de Libanius, des doutes s'étaient élevés sur l'authenticité du plaidoyer contre Lacrite. Ils se fondaient sur la négligence du style, sur l'emploi de la formule de serment par Jupiter roi (μὰ τὸν Δία τὸν ἄνακτα), enfin sur la faiblesse de l'argumentation. Libanius répond qu'il s'agit d'un discours destiné à être récité par la partie elle-même. Dès lors, l'auteur a dû se conformer au caractère et aux habitudes du personnage qu'il fait parler. Quant à la faiblesse de l'argumentation, elle est la conséquence de la faiblesse de la cause. Cette réponse est assurément loin d'être décisive. Aussi les juges les plus compétents, Clinton [1], Immanuel Herrmann [2], Bœckh [3], Arnold Schæfer [4], n'hésitent pas à déclarer que ce discours ne peut être de Démosthène.

Le discours contre Zénothémis est également rejeté par Immanuel Herrmann et par Arnold Schæfer. Ils se fondent, indépendamment des raisons de style, sur la déclaration même de Démon, l'adversaire de Zénothémis. En terminant son discours, Démon affirme qu'il a prié Démosthène de lui prêter le secours de son éloquence, et qu'il a éprouvé un refus.

---

[1] *Fasti Hellenici*, II, p. 357.
[2] *Einleitende Bemerkungen zu Demosthenes paragraphischen Reden.*
[3] *Staatshaushaltung der Athener*, I, p. 189 b.
[4] *Demosthenes und Seine Zeit.*, t. III, 2ᵉ partie, p. 291.

Le plaidoyer contre Phormion n'est contesté que par Arnold Schæfer.

Quant au plaidoyer contre Dionysodore, il semble, au premier abord, porter en quelque sorte la signature de Démosthène, puisque Darius, celui qui prononce ce plaidoyer, le termine en disant : « Il est à propos qu'un de mes amis parle pour moi : Approche, Démosthène. » Toutefois, le style paraît suspect à MM. Baiter et Sauppe et à M. Arnold Schæfer. Ce dernier[1] donne, en outre, pour justifier ses doutes, une raison très-ingénieuse. Il est, en effet, question, dans ce discours, d'un certain Cléomène, gouverneur de l'Egypte. Or, nous avons des renseignements positifs sur ce Cléomène[2]. Nous savons qu'après la conquête de l'Égypte par Alexandre, en 331, Cléomène fut chargé de la perception des impôts en Egypte et dans les dépendances de l'Egypte, et qu'il conserva cette charge, après la mort d'Alexandre, jusqu'à l'arrivée de Ptolémée, qui le fit mettre à mort en 323. Or, Cléomène est désigné, dans le discours, comme ayant gouverné l'Égypte, et par conséquent comme ne la gouvernant plus. D'autre part, Démosthène est mort en 322, et il est bien difficile d'admettre qu'il ait plaidé des affaires civiles pendant les troubles qui ont suivi la mort d'Alexandre.

Nous n'insisterons pas davantage sur cette controverse plus intéressante pour l'histoire de la littérature que pour celle du droit. Ce qu'il y a de certain, c'est que les quatre plaidoyers dont nous nous occupons ont été composés, sinon par Démosthène, au moins par des contemporains. On ne saurait douter qu'ils n'aient été réellement prononcés devant un tribunal.

Nous tenons donc les quatre plaidoyers pour authentiques en ce sens. Mais faut-il en dire autant des pièces citées dans ces plaidoyers, ou du moins dans le plaidoyer contre Lacrite? Cette question a pour nous une grande importance, car parmi ces pièces se trouve précisément un contrat à la grosse, avec toutes ses stipulations. Aujourd'hui, on paraît être d'accord en Allemagne pour considérer ces pièces comme interpolées. C'est no-

---

[1] T. III, p. 311.
[2] Justin., XIII, 4; Quint. Curt., IV, 8; Aristot. Œconomic., II.

tamment l'opinion de Westermann [1] et d'Arnold Schæfer [2]. Nous croyons, avec ces savants, que les premiers éditeurs de Démosthène, soit à Alexandrie, soit même dans l'école de Libanius, ont cherché à restituer ces pièces, afin de faciliter la lecture des discours. Elles ne sont donc pas authentiques; toutefois elles ne manquent pas de valeur. En effet, ceux qui les ont rédigées, notamment l'acte de prêt à la grosse cité dans le discours contre Lacrite, étaient certainement bien instruits des habitudes du commerce maritime en Grèce. Ils avaient probablement sous les yeux des modèles d'actes, dont ils se sont servis pour leur travail de restitution. Nous pouvons donc accepter, au moins dans une certaine mesure, les résultats de ce travail, quoiqu'il soit probablement bien postérieur à l'époque à laquelle les plaidoyers eux-mêmes ont été composés.

II. Cela dit sur l'autorité et la valeur de nos textes, nous allons tâcher d'en tirer la théorie du prêt à la grosse, tel que le pratiquaient les Athéniens.

Prêter à la grosse aventure, c'est prêter de telle sorte que le payement soit subordonné à la condition de l'arrivée d'un navire à bon port. L'emprunteur doit payer si le navire arrive, il est libéré si le navire périt. Comme prix du risque, le prêteur stipule un profit maritime, c'est-à-dire un intérêt bien supérieur à l'intérêt ordinaire. Ainsi, dans le plaidoyer contre Phormion, il est question d'un profit maritime au denier trois, tandis que le taux ordinaire de l'intérêt, sur la place d'Athènes au même moment, était au denier six. Dans le plaidoyer contre Polyclès, qui se trouve également parmi les discours attribués à Démosthène, il est question d'un prêt maritime fait au denier huit [3], mais il ne faut pas oublier que, dans le prêt maritime, l'intérêt se paye pour un voyage, et que, dans l'espèce, le voyage devait durer à peine quelques jours.

Plus le prêteur court de risques, plus il cherche de garanties. Il demande des cautions, des gages, et surtout des gages qui assurent, autant que possible, non-seulement le payement

---

[1] *Mémoires de l'Académie des sciences de Leipzig*, I, p. 81.

[2] *Demosthenes und Seine Zeit.*, t. III, 2ᵉ partie, p. 286, note 3.

[3] Dem. adv. Polycl. c. 17 : Ναυτικὸν ἀνειλόμην ἐπόγδοον, σωθέντος δὲ τοῦ πλοίου Ἀθήναζε ἀποδοῦναι αὐτὸ καὶ τοὺς τόκους.]

au cas où la condition se réalisera, mais encore la bonne foi de
l'emprunteur jusqu'au moment de cette réalisation. De là, l'affectation du prêt avec privilége sur le corps et quille du navire
ou sur le chargement. Depuis l'ordonnance de 1681, l'affectation est de l'essence du prêt à la grosse. Un prêt fait sans affectation est considéré comme simple pari et prohibé comme tel.
Ce principe est aussi celui de notre Code de commerce, mais
les nations les plus commerçantes du monde, l'Angleterre et
l'Amérique, n'ont pas accueilli cette restriction apportée à la
liberté des contrats. Les Athéniens ne l'admettaient pas davantage. Le prêt pouvait être fait sans affectation, ou avec affectation seulement pour une partie du voyage ; c'est ainsi que, dans
le plaidoyer contre Phormion, il est question d'un prêt fait pour
un voyage d'aller et retour, mais avec affectation sur le chargement d'aller seulement [1].

En même temps qu'elle exige une affectation, la loi française
n'a permis d'y soumettre ni le fret à faire, ni les profits à espérer des marchandises, ni le loyer des matelots. Ces restrictions,
inconnues aux Anglais et aux Américains, l'étaient également
aux Athéniens. Dans le plaidoyer contre Lacrite, il est question
de sommes prêtées, non-seulement sur le corps et quille du
navire, mais encore sur le fret, ἐπὶ τῷ ναύλῳ. Ce dernier point a
été contesté. En effet, ναῦλον en grec, comme *fret* en français,
se prend dans un double sens. Il signifie tantôt le prix de
louage du navire, tantôt le chargement lui-même. Aussi plusieurs savants, et entre autres de Vries, ne veulent voir, dans le
passage en question, qu'une affectation sur le navire et le chargement, mais nous croyons, avec Bœckh [2], qu'il faut s'attacher
au premier sens. Dans l'espèce, en effet, ainsi que le fait très-
justement remarquer K. F. Herrmann [3], le chargement appartenait à un tiers qui l'avait lui-même affecté à la garantie d'un
autre prêt. Le capitaine n'avait donc d'autre gage à offrir que
le corps du navire et le fret, c'est-à-dire le prix du transport.

---

[1] C'est du moins ainsi que nous entendons ces mots du texte : Ἀμφοτε-
ροπλοῦν ἐπὶ ἑτέρᾳ ὑποθήκη.

[2] T. I, p. 184.

[3] *Lehrbuch der Griechischen privatalterthümer*, Heidelberg, 1852, p. 243,
note 6.

D'ailleurs, le texte ne porte pas simplement ἐπὶ τῷ ναύλῳ; il ajoute εἰς τὸν πόντον, ce qui indique bien qu'il s'agit, non de la marchandise, mais du prix de transport.

Aux termes de l'article 315 du Code de commerce, les prêts à la grosse peuvent encore être affectés sur les agrès et apparaux, l'armement et les victuailles. On ne saurait douter que cela ne fût également permis à Athènes. Dans un des plaidoyers attribués à Démosthène, le triérarque Apollodore prie son successeur Polyclès de lui prêter sur les agrès du navire. Evidemment, il s'agit d'un prêt à la grosse; mais, dans le cas même où on ne voudrait voir là qu'un prêt ordinaire, il resterait toujours ce fait que l'usage d'affecter les agrès à la sûreté d'un prêt était connu des Athéniens, et par conséquent devait être pratiqué dans le prêt à la grosse. On voit même très-bien par le texte précité dans quelles circonstances cette affectation devait se produire. Il s'agit, en effet, d'un triérarque, c'est-à-dire d'un citoyen qui a reçu de l'État un navire de guerre et qui l'a équipé à ses frais. Il ne peut disposer du navire qui appartient à l'État; et il n'a pas de chargement, puisque le navire est armé en guerre; mais les agrès sont sa propriété, et il peut les affecter à la garantie d'un emprunt [1].

Le prêt à la grosse pouvait donc être affecté sur toutes sortes d'objets soumis au risque du voyage. Pouvait-il l'être même sur des objets non soumis au risque du voyage, et par exemple sur des immeubles? À coup sûr, la loi athénienne ne portait aucune prohibition à cet égard, mais il faudrait des textes bien formels pour prouver l'existence d'une pratique aussi contraire à la nature du contrat et aux habitudes du commerce. Or, cette opinion ne se fonde que sur un passage mal compris du plaidoyer contre Phormion [2].

Quel que fût l'objet de l'affectation, l'emprunteur déclarait dans le contrat que le gage était libre et s'engageait à ne pas l'affecter à un emprunt ultérieur. Mais ces déclarations et ces promesses ne suffisaient pas, à ce qu'il paraît, pour prévenir

---

[1] Dem. adv. Polycl., c. 55 : Ἐκέλευον αὐτόν μοι δανείσαι ὑποθέμενον τὰ σκεύη τῆς νεώς. — V. Pardessus, p. 42, et Bœckh, p. 185. — En sens contraire, de Vries, p. 43.

[2] Ἐπὶ ἑτέρᾳ ὑποθήκη.

la fraude. Elle allait quelquefois si loin qu'on jugeait nécessaire de faire un exemple, et l'auteur du plaidoyer contre Lacrite parle d'un Athénien condamné à mort pour ce fait. Faut-il conclure de là que, d'après la loi athénienne, comme plus tard en droit romain, le dernier prêteur à la grosse était toujours préféré aux précédents, comme ayant pourvu à la conservation du gage ? Il semble plus probable que la loi athénienne était muette sur ce point comme sur beaucoup d'autres, et c'était la pratique qui assurait ce résultat si conforme à l'équité comme à l'intérêt des parties. Lorsqu'il y avait lieu de contracter un second emprunt à la grosse, le nouveau prêteur ne remettait les fonds qu'après s'être fait consentir une antériorité par le prêteur précédent. Il est question d'une stipulation de ce genre dans le plaidoyer contre Lacrite.

Le lieu et le temps des risques, et en général les obligations réciproques du prêteur et de l'emprunteur, étaient réglées par le contrat, et on ne voit pas qu'il ait existé de dispositions légales à ce sujet.

Celui qui avait emprunté à la grosse sur des marchandises devait justifier du charge, c'est-à-dire prouver qu'il avait chargé sur le navire désigné au contrat des effets jusqu'à concurrence de la somme empruntée, ou même d'une somme plus forte, suivant les conventions. Il était tenu de faire cette justification, alors même que le chargement n'était pas affecté à l'emprunt, et servait seulement d'aliment au risque. À défaut de cette preuve, il n'était pas libéré par la perte du navire et du chargement. C'est encore ce que nous apprend le plaidoyer contre Lacrite.

Enfin, il paraît avoir été reconnu qu'en cas de naufrage, le droit du prêteur à la grosse subsistait sur les effets sauvés, ou du moins dans la proportion de ces effets au chargement total, lorsqu'il n'y avait pas d'affectation.

Quant à la forme du contrat, nous voyons qu'il était habituellement rédigé par écrit, en présence de témoins, signé et scellé par les parties et les témoins, et déposé chez un tiers, ordinairement chez un banquier. Quelquefois aussi, on rédigeait l'acte en double, comme nous le voyons dans le plaidoyer contre Lacrite.

III. Tels sont les renseignements que nous fournissent les

quatre plaidoyers sur le prêt à la grosse chez les Athéniens. Pour se faire une idée complète de l'institution, et pour bien comprendre en même temps les plaidoyers dont nous parlons, il est essentiel de ne pas perdre de vue certaines habitudes du commerce maritime chez les Grecs. C'est le milieu dans lequel l'institution a pris naissance. Nos discours nous le font très-bien connaître et nous fournissent tous les traits pour peindre les personnages du prêteur et de l'emprunteur.

Le prêteur à la grosse est un banquier, ou même un simple commerçant, athénien ou étranger domicilié. D'ordinaire, il a longtemps voyagé lui-même [1]; retiré à Athènes ou plutôt au Pirée, il fait valoir ses fonds dans les entreprises maritimes. Il prête par petites sommes, deux ou trois mille drachmes en moyenne, et cela se comprend; car le contrat d'assurance n'existe pas, et la prudence conseille de diviser les risques. Aussi voit-on d'ordinaire les diverses parties d'un même chargement affectées à des prêts différents. Il y a plus, on s'associe à deux ou trois pour prêter en commun, ou bien on prête seul, mais on admet en participation un associé dont le nom ne figure pas au contrat. C'est une sorte de réassurance.

Le contrat signé et déposé chez un banquier, le rôle du prêteur n'est pas terminé. Il lui reste à surveiller son emprunteur, à vérifier s'il emploie réellement les fonds à acheter des marchandises, s'il charge ces marchandises sur le navire. Parfois il prend place sur le navire et accompagne l'emprunteur. S'il ne peut le faire en personne, il met sur le navire un agent, un représentant. Dans l'affaire de Zénothémis, c'est ce représentant du prêteur (ὁ παρ' ἡμῶν συμπλέων) qui sauve le navire mis en danger de périr par la baraterie du patron. Si le cas l'exige, les prêteurs se réunissent et envoient un mandataire spécial qui rejoint le navire dans un port étranger et prend les mesures dictées par l'intérêt commun. Enfin, quand le navire est de retour à Athènes, le prêteur assiste au déchargement et veille à ce que rien ne soit détourné.

Pendant que le prêteur se promène sur le quai du Pirée et le long des magasins, calculant le profit que le prêt doit lui rapporter, l'emprunteur a pris la mer. C'est un capitaine qui a em-

---

[1] V. le discours contre Apatourios, c. 4.

prunté pour les besoins de son navire. C'est plus souvent un marchand qui va acheter du blé en Egypte, en Sicile, au Pont, dans tous ces pays qui servaient alors de greniers à Athènes, comme ils en servent encore aujourd'hui à l'Europe. D'ordinaire, il emporte un fret d'aller, du vin par exemple, lorsqu'il se rend au Pont. Le fret d'aller ne se vend pas toujours bien, et le fret de retour manque aussi quelquefois ; mais quand l'opération réussit, le profit peut être considérable, et permet une large rémunération du capital prêté. Quand il aura ainsi voyagé pendant plusieurs années, il se retirera à Athènes avec une petite fortune laborieusement acquise, et se fera prêteur à son tour.

IV. Parlons maintenant de la procédure.

Avant d'intenter l'action, les parties cherchaient d'ordinaire à terminer leur différend par un arbitrage. La loi leur laissait à cet égard la plus grande liberté. Si le compromis était accepté, les parties s'entendaient sur le choix d'un ou de plusieurs arbitres pris parmi les négociants, soit Athéniens, soit même étrangers, pourvu qu'ils fussent domiciliés et admis à la jouissance des droits civils. Du reste, les parties étaient libres d'accepter ou de refuser le compromis. L'arbitre lui-même n'était pas tenu de juger, et après avoir entendu les parties, il pouvait les renvoyer à se pourvoir devant les tribunaux, sans même rendre de sentence. Enfin, alors même qu'il rendait une sentence, l'action pouvait toujours être portée devant les tribunaux sous forme d'appel de la sentence arbitrale. Dans l'affaire de Dionysodore, nous voyons qu'un compromis offert par l'une des parties fut refusé par l'autre. Dans l'affaire de Phormion, l'arbitrage eut lieu, mais l'arbitre s'abstint de juger et renvoya les parties à se pourvoir.

Quelle était l'action en pareil cas? La rubrique du plaidoyer contre Dionysodore nous apprend qu'il s'agit dans cette affaire de l'action de dommage (δίχη βλαϐῆς). Quant aux trois autres plaidoyers, ils ne nomment pas l'action intentée, mais ils la désignent comme appartenant à la classe des actions commerciales (δίχαι ἐμπορικαί). On désignait ainsi les actions qui avaient pour base un contrat passé entre commerçants. Comme la plupart des actions civiles, elles étaient portées devant les Thesmothètes, c'est-à-dire devant un collége de six magistrats an

nuellement désignés par le sort. Un de ces magistrats était
chargé de donner l'action, d'instruire l'affaire, et d'introduire
ensuite l'affaire et les parties devant un tribunal présidé par
lui. Son rôle avait quelque analogie avec celui d'un directeur
de jury. C'était bien, en effet, un jury qui était appelé à juger,
soit qu'il fût tiré au sort sur la liste des six mille héliastes, soit
qu'il fût pris sur une liste particulière de gens de mer et de
commerçants [1]. Ces règles, au surplus, étaient générales et
communes à presque toutes les actions civiles ; mais les affaires
commerciales avaient cela de particulier qu'elles se jugeaient
pendant l'hiver, c'est-à-dire dans la saison où la mer était fermée, où, par conséquent, il était le plus facile de réunir tout le
monde, parties et témoins. Elles devaient être jugées dans le
mois (δίκαι ἔμμηνοι), comme affaires urgentes. La procédure
d'exécution était aussi plus rapide. La partie condamnée devait
sur-le-champ donner caution, faute de quoi elle pouvait être
retenue en prison jusqu'au payement.

Dans toutes les demandes tendant au payement d'une somme
d'argent (δίκαι χρηματικαί), le demandeur qui succombait était
condamné à la peine de l'épobélie, c'est-à-dire à une indemnité
d'une obole pour drachme, soit le sixième de la somme deman-
dée, au profit du défendeur [2]. Telles étaient évidemment les
actions commerciales, et dans le plaidoyer contre Dionysodore,
le demandeur nous apprend qu'il court ce danger.

Le défendeur pouvait se borner à combattre les moyens du
demandeur, c'est ce qu'on appelait εὐθυδικία. Mais il pouvait
aussi contester la recevabilité de l'action ou former une demande reconventionnelle. Par exemple, lorsqu'une action commerciale était intentée, le défendeur pouvait soutenir qu'il n'y
avait pas de contrat entre lui et le demandeur, que par conséquent ce dernier n'avait pas d'action contre lui. Il opposait alors
une sorte de déclinatoire (παραγραφή) conduisant à un débat

---

[1] Le jury spécial existait au temps de Lysias, sous le nom de Ναυτοδίκαι.
Il n'est pas certain qu'il existât encore au temps de Démosthène, c'est au
moins l'opinion de Schœmann, *der attische Prozess*, p. 83, et *Griechische
Alterthümer*, t. I, p. 477. — Mais Bœckh, t. I, p. 71, paraît admettre l'opinion contraire, qui est aussi défendue par de Vries (p. 103).

[2] Bœckh, p. 480 ; Meier et Schœmann, *Attischer Prozess*, p. 733.

préjudiciel sur la recevabilité de l'action [1]. Dans ce débat, les rôles des parties se trouvaient renversés. Le défendeur primitif parlait le premier, car il était demandeur aux fins du déclinatoire ; c'est déjà la règle romaine : *Reus in exceptione actor est.* De plus, s'il succombait dans son déclinatoire, il encourait la peine de l'épobélie. Mais, au prix de ce risque, il était admis à plaider que la loi ne donnait pas d'action contre lui. Il élargissait ainsi le cercle de sa défense, et c'est en cela que consistait l'utilité de la παραγραφή, car, du reste, la question du fond, au lieu d'être réservée, était au contraire toujours discutée en même temps que la fin de non-recevoir, et, dans le fait, il eût été difficile de les séparer.

Il fallait que ce moyen de défense fût souvent employé, car, sur les quatre discours que nous étudions, trois sont des λόγοι παραγραφικοί. Le discours contre Zénothémis est une παραγραφή ; le discours contre Phormion est une défense à la παραγραφή du défendeur primitif. Il en est de même du discours contre Lacrite.

Le plaidoyer contre Zénothémis nous fait connaître une procédure particulière dont nous devons dire encore quelques mots, c'est l'ἐξαγωγή. Il s'agit de savoir quel est le véritable propriétaire d'un chargement. L'action au fond est donc une revendication d'objets mobiliers. Pour l'engager, les parties ont recours d'un commun accord à une lutte simulée. L'une d'elles est en possession, l'autre vient pour la dessaisir. Un créancier du possesseur intervient et fait cesser le trouble en *éconduisant* l'auteur de la voie de fait. Ce dernier intente alors l'action contre ses deux adversaires, et probablement sous la forme d'une action personnelle en dommages-intérêts (δίκη βλάβης). Cette procédure est remarquable, elle rappelle la *deductio quæ moribus fit,* qui dans l'ancien droit romain servait à engager la revendication *per sponsionem* au moyen d'une lutte fictive sur le terrain litigieux. Dans cette lutte, les rôles de vainqueur et de vaincu étaient convenus d'avance, et le vainqueur fournissait le *vadimonium,* c'est-à-dire qu'il s'engageait à comparaître à jour fixe. Du reste, le résultat de la lutte n'avait aucune influence sur la question de possession, ni par suite sur

---

[1] Isocrat., *in Callimach.*, cap. I ; Pollux, *Onomasticon*, VIII, 58 ; Meier et Schœmann, p. 644.

l'attribution des rôles de demandeur et de défendeur [1]. Ces particularités semblent s'accorder assez bien avec ce que nous savons de l'ἐξαγωγή.

V. Après ces observations générales, nous pouvons maintenant déterminer le point de droit discuté dans chacun de nos quatre discours.

La question du procès contre Zénothémis est très-simple. Deux prêts à la grosse se trouvent avoir été faits sur le même chargement, l'un par Démon à Protos, l'autre par Zénothémis à Hégestrate. De ces deux prêts, l'un est nécessairement nul. Il s'agit donc de savoir lequel des deux emprunteurs était bien propriétaire du chargement et a pu l'affecter à la garantie de l'emprunt.

Comment pouvait se résoudre cette question? D'abord par la preuve testimoniale, et, en effet, Démon propose à son adversaire de recourir au témoignage des vendeurs. En second lieu, par les registres de la douane, sur lesquels devait être inscrite la déclaration de sortie avec le nom du propriétaire. Démon offre encore de s'en rapporter à ces registres, mais on est surpris de voir qu'il ne parle pas du connaissement, c'est-à-dire du moyen de preuve à la fois le plus sûr et le plus naturel. On ne peut croire que le connaissement ait été inconnu dans la marine grecque. Il faut donc supposer que cette pièce avait disparu, et en effet Zénothémis accusait précisément Protos de lui avoir soustrait ses papiers, et Démon ne nie pas le fait.

Mais cette question du fond n'est après tout qu'une question de fait, et le plaidoyer n'y attache qu'une importance secondaire, puisqu'il oppose en première ligne une fin de non-recevoir à l'action de Zénothémis. La loi, dit Démon, ne donne d'action qu'à celui qui se plaint de l'inexécution d'un contrat; or, il n'est jamais intervenu de contrat entre nous. Jusqu'à quel point ce raisonnement était-il fondé? Nous sommes réduit sur ce point aux conjectures. Il paraît cependant bien difficile d'admettre que l'action de Zénothémis n'ait pas été recevable. Comment supposer que l'étranger, comme l'était Zénothémis,

<hr>

[1] Sur la *deductio* V. Cicéron, *pro Tullio*, cap. xx, et *pro Cæcina*. Cf. Bethmann-Hollweg, *der römische Civilprocess*, t. II, p. 287 (Bonn, 1865); Puchta, *Institutionen*, t. II, p. 90; Walter, *Römische Rechtsgeschichte*, § 712, note 12.

admis à agir en vertu d'un contrat, n'ait pas pu demander aux tribunaux athéniens la réparation d'un dommage causé par imprudence, ou la reconnaissance d'un droit de propriété. Il fallait bien, dans l'espèce, que la question de propriété trouvât un juge. Démon le reconnaît, puisqu'il offre à son adversaire d'aller plaider en Sicile, au port où le chargement a été pris; mais le navire étant arrivé au Pirée, n'était-il pas plus naturel de plaider là où se trouvaient les parties et le chargement ? De quoi, d'ailleurs, Démon pouvait-il se plaindre, puisqu'il était cité devant le tribunal de son domicile ? Enfin, rien n'empêchait de faire venir de Sicile toutes les preuves que l'on pourrait désirer.

Passons maintenant au plaidoyer contre Phormion.

Chrysippe a prêté à Phormion deux mille drachmes pour un voyage au Bosphore, aller et retour, mais avec affectation sur le chargement d'aller seulement. C'est-à-dire que Phormion, arrivé au Bosphore, n'était pas tenu de prendre un fret de retour sur le prix duquel Chrysippe se serait remboursé. Il pouvait se décharger de cette obligation, en renvoyant à Athènes, en espèces, la somme prêtée, avec les intérêts dus pour l'aller et le retour, soit deux mille six cents drachmes. Cette faculté pouvait être utile à l'emprunteur, en ce qu'elle lui permettait de laisser repartir le navire, et de rester lui-même au lieu de destination, pour entreprendre, le cas échéant, d'autres affaires plus avantageuses. Il pouvait encore se faire qu'on ne trouvât pas de fret de retour. L'emprunteur avait alors intérêt à se libérer immédiatement pour s'affranchir de tout risque et reprendre la liberté de ses mouvements. Tel est le sens de ces mots ἐπὶ ἑτέρᾳ ὑποθήκῃ, que les commentateurs ne paraissent pas avoir compris [1]. Il résulte de tout le contexte du discours, il est d'ailleurs le plus conforme au génie de la langue, puisque emprunter pour le voyage d'aller se dit ἑτερόπλουν δανείζεσθαι, par opposition à ἀμφοτερόπλουν δανείζεσθαι, emprunter pour l'aller et le retour.

---

[1] V. de Vries, p. 50. Il réfute les explications de Reiske, Baumstark, Seager et Schæfer. Mais celle qu'il donne ne nous paraît pas meilleure. Bœckh n'en propose aucune (p. 188). Dans notre explication, ces mots : Ἐπὶ ἑτέρᾳ ὑποθήκῃ, auraient pour antithèse Ἐπὶ ἀμφοτέρᾳ ὑποθήκῃ.

En fait, Phormion a-t-il fait usage de cette faculté ? Telle est la seule question du procès. Phormion prétend que oui, mais Chrysippe soutient que non, et les preuves qu'il donne paraissent assez plausibles.

Indépendamment de la question du fond, ce procès soulève encore une fin de non-recevoir. Phormion a opposé une παραγραφή à la demande de Chrysippe. Il prétend que le contrat passé entre Chrysippe et lui n'existe plus, puisqu'il y a eu payement, et que, par suite, Chrysippe n'a plus d'action contre lui. Mais cette fin de non-recevoir n'est évidemment qu'une pétition de principe, car il s'agit précisément de savoir s'il y a eu payement.

Le plaidoyer contre Phormion offre une particularité singulière. Il est prononcé, en effet, par deux personnes différentes, ainsi qu'on le voit dès le début. La première moitié appartient probablement à Chrysippe lui-même, et la seconde à son associé.

Nous arrivons au plaidoyer contre Lacrite.

Androclès, Athénien, a prêté à la grosse trois mille drachmes à un certain Artémon, de Phasélis en Lycie. Le prêt a été fait pour un voyage d'Athènes au Pont-Euxin, et retour, avec affectation sur le chargement.

De retour à Athènes, Artémon refusa de payer Androclès. Peu de temps après, il meurt, laissant pour héritier son frère Lacrite. Androclès assigne Lacrite en payement.

Lacrite oppose une fin de non-recevoir. Il soutient qu'il n'y a aucun contrat entre Androclès et lui, qu'il n'a pas cautionné Artémon, et qu'il a renoncé à la succession de ce dernier.

Androclès combat la fin de non-recevoir. Il s'efforce de prouver en fait que Lacrite a cautionné Artémon, que d'ailleurs il a fait acte d'héritier, et que, par conséquent, sa renonciation est tardive. Puis il aborde la question du fond.

Pour bien suivre cette partie de la discussion, il est nécessaire de se rendre compte du système de défense adopté par Lacrite.

Lacrite prétendait qu'Artémon avait exécuté le contrat, qu'il avait porté le chargement à destination sur le navire convenu, qu'il avait ensuite mis sur le même navire un chargement de retour, mais que ce chargement et le navire avaient péri par fortune de mer, dans la traversée de Panticapée à Théodosie. On n'avait pu sauver du naufrage qu'une valeur de cent sta-

tères d'or. Les droits du prêteur s'étaient donc trouvés réduits à
cette somme, mais, dans cette limite même, ils se trouvaient
anéantis par une autre raison. En effet, pour retourner à
Athènes, Artémon avait dû prendre un autre navire, et, à cet
effet, prêter à la grosse au capitaine. Mais la somme prêtée était
sans doute insuffisante pour mettre le navire en état de tenir la
mer. Un second emprunt s'était trouvé indispensable, et le nouveau prêteur n'avait consenti à donner ses fonds qu'à la condition qu'Artémon lui céderait son rang de privilége. Nouveau cas
de force majeure qui complétait la libération d'Artémon.

Androclès s'efforce de prouver que le contrat doit être annulé pour inexécution des conditions. Il soutient qu'Artémon
n'a pas chargé, au départ, des marchandises d'une valeur suffisante pour alimenter le risque ; qu'il a fait, malgré la défense
portée au contrat, un second emprunt à Athènes sur les mêmes
marchandises ; enfin qu'arrivé à destination, il n'a pas pris de
chargement en retour.

En réponse au système d'Artémon, Androclès soutient en fait
que le navire, au moment où il a péri, avait changé de route et
entrepris un nouveau voyage ; que d'ailleurs Artémon n'avait
sur ce navire aucun intérêt ni comme chargeur, ni comme prêteur à la grosse ; que, par conséquent, la perte de ce navire et de
ce qu'il portait au moment de sa perte n'avait pu libérer Artémon envers lui Androclès.

Dans tous les cas, Artémon lui devrait tout au moins les cent
statères d'or sauvés du naufrage. Vainement dit-il qu'il les a
prêtés à la grosse, car il ne pouvait les prêter à l'insu et sans le
consentement d'Androclès.

Il faut convenir que ce dernier argument ne paraît pas bien
solide. La somme sauvée du naufrage appartenait à l'emprunteur Artémon, qui en était seulement débiteur envers Androclès. Or, pour payer Androclès, il fallait bien envoyer cette
somme à Athènes, sur quelque navire, en espèces ou en marchandises, car on ne connaissait pas encore l'usage des lettres
de change. Si le navire venait à périr, l'emprunteur était libéré.
Mais, au lieu d'envoyer la somme en espèces, et de payer pour
cet envoi un fret considérable, ne valait-il pas mieux la prêter
à la grosse au capitaine ou à un des chargeurs? La chose était
d'autant plus facile que, ainsi que nous l'avons vu, le prêt à la

grosse pouvait se faire sans affectation. Dans le cas dont nous parlons, on peut supposer, ou que les fonds prêtés par Androclès lui étaient renvoyés ainsi sans affectation, ou que la créance résultant du second prêt à la grosse fait au capitaine par Artémon constituait l'affectation. Au surplus, Androclès semble reconnaître lui-même qu'Artémon a pu prêter à la grosse les fonds provenant de la vente du chargement d'aller, et que, s'il les avait prêtés, il aurait été libéré par le naufrage. Il dit, en effet, que le naufrage n'a pas libéré Artémon, parce qu'Artémon n'avait aucun intérêt sur ce navire, ni comme chargeur, ni comme prêteur.

Aussi, Libanius n'hésite pas à dire que la cause d'Androclès était mauvaise.

Il ne nous reste plus à parler que du discours contre Dionysodore. Pamphile et un associé en participation, auquel Libanius donne le nom de Darius, ont prêté trois mille drachmes à Dionysodore et Parménisque, sur corps et quille du navire, pour un voyage d'Athènes en Égypte et retour à Athènes. Au retour, le voyage est rompu ; Parménisque aborde à Rhodes, y décharge son navire et y prend un nouveau chargement.

Darius assigne alors Dionysodore, et lui demande six mille drachmes, montant de la clause pénale stipulée pour le cas où le navire ne serait pas ramené à Athènes. Dionysodore répond que la relâche à Rhodes est une relâche forcée, que le navire avait des avaries à réparer, et il offre le remboursement du capital avec un intérêt proportionnel à ce qui a été fait sur le voyage convenu.

Cette réponse de Dionysodore ne vaut rien, car l'accident qui a forcé le navire à relâcher à Rhodes ne dispensait pas Parménisque d'exécuter son obligation jusqu'au bout et de ramener le navire à Athènes. Mais si l'on ne voit pas sur quelle bonne raison pouvait s'appuyer la défense, on voit très-bien quel avait été l'intérêt de Parménisque à ne pas revenir à Athènes. A Athènes, en effet, la navigation était fermée pendant l'hiver, tandis qu'à Rhodes, elle était ouverte toute l'année. Si le navire était retourné à Athènes, il n'aurait pu reprendre la mer avant le printemps de l'année suivante, tandis qu'en restant à Rhodes, Parménisque a pu faire un voyage d'hiver, et depuis cette époque, il a trouvé un emploi avantageux de son navire dans d'autres ports. Il invoque donc l'équité, mais, à coup sûr, Darius, le demandeur, a pour lui les termes, bien formels, du contrat.

Telles sont les observations qui nous ont été suggérées par une étude attentive des quatre discours dont nous venons de parler. Nous croyons qu'elles suffisent pour éclaircir les principales difficultés de ces textes, sans nous dissimuler toutefois que, dans des travaux de ce genre, il faut se résigner à ignorer beaucoup. Nous n'avons, en effet, ni le dossier, ni le texte de la loi, ni le plaidoyer de l'adversaire, ni le jugement rendu sur la contestation. Mais s'il nous est difficile de prononcer comme juges, nous pouvons du moins suivre et comprendre le raisonnement de l'avocat. C'est l'unique but que nous nous sommes proposé.

I. — PLAIDOYER CONTRE ZÉNOTHÉMIS.

Juges, c'est par une fin de non-recevoir que je repousse l'action de mon adversaire, je veux donc parler d'abord des lois qui rendent cette action non-recevable. Les lois, juges, donnent une action en justice aux gens de mer et aux commerçants, pour expéditions faites d'Athènes ou sur Athènes, et lorsqu'il y a contrat par écrit. Elles ajoutent que si quelqu'un veut plaider hors de ces cas, son action n'est pas recevable. Or, entre Zénothémis et moi il n'y a ni convention, ni contrat par écrit. Lui-même le reconnaît dans sa demande, mais il prétend qu'il a fait un prêt au capitaine de navire Hégestrate, et qu'Hégestrate ayant péri en mer, nous nous sommes approprié le chargement. Ce sont là, en effet, les termes de la demande. Ma plaidoirie va vous montrer que l'action n'est pas recevable. Elle vous fera voir en même temps les manœuvres et l'improbité de cet homme. Pour vous, juges, je vous adresse une prière à tous. Si jamais affaire a obtenu votre attention, ne la refusez pas à ma cause. Vous verrez jusqu'où vont l'audace et l'improbité de cet homme, si du moins je parviens à vous dire ce qu'il a fait, et j'espère bien y parvenir.

Zénothémis, donc, qui est ici devant vous, était le second d'Hé-

gestrate, ce capitaine de navire que lui-même, dans sa demande,
dit avoir péri en mer (comment; c'est ce qu'il n'ajoute pas, mais
je le dirai). Tous deux se sont entendus pour commettre la
fraude que voici : L'un et l'autre contractaient des emprunts à
Syracuse. A ceux qui prêtaient à celui-ci l'autre donnait volontiers des renseignements, et répondait qu'il y avait sur le navire
beaucoup de blé appartenant à Zénothémis. A ceux qui prêtaient
à Hégestrate Zénothémis affirmait que ce dernier était propriétaire du chargement. L'un était capitaine, l'autre faisait partie
de l'équipage ; on les croyait volontiers parlant sur le compte
l'un de l'autre. Mais lorsqu'ils eurent reçu les fonds, ils les envoyèrent chez eux à Marseille, sans rien faire charger sur le bâtiment, et comme le contrat portait, suivant l'usage, que les
fonds empruntés seraient rendus le navire arrivé à bon port, ils
s'avisèrent de perdre le navire en mer, afin d'anéantir les droits
des créanciers. A peine étaient-ils à deux ou trois journées de
terre, Hégestrate descendit de nuit à fond de cale, et se mit à
pratiquer une voie d'eau. Cependant celui-ci, comme s'il n'eût
rien su, restait sur le pont avec les autres passagers. Tout à coup
on entend du bruit. Tous ceux qui sont sur le navire s'aper-
çoivent qu'il se passe quelque chose à fond de cale, et descen-
dent pour porter secours; Hégestrate, pris en flagrant délit, fuit
pour échapper au châtiment qui le menace ; poursuivi, il se jette
à la mer, mais dans l'obscurité de la nuit, il manque le canot et
se noie. Tel fut le sort, assurément bien mérité, d'Hégestrate. Mi-
sérable il périt misérablement, et souffrit le mal qu'il avait voulu
faire aux autres. Quant à celui-ci, son associé et son complice,
on le vit d'abord sur le navire, au moment même où se commet-
tait le crime, jouer la surprise et l'effroi, presser le maître d'é-
quipage, et l'équipage lui-même de se jeter dans le canot et
d'abandonner le bâtiment au plus vite, dire qu'il n'y avait plus
d'espoir de salut, que l'on allait couler, et tout cela pour con-
sommer le crime qu'ils avaient concerté ensemble; faire périr le
navire et anéantir les emprunts. Mais ses efforts furent inutiles.
L'agent que nous avions préposé au chargement résista, et pro-
mit aux hommes d'équipage une forte récompense s'ils parve-
naient à sauver le bâtiment, et le bâtiment sauvé parvint à Céphallénie, grâces aux Dieux d'abord, et ensuite grâce à l'énergie
de l'équipage. Alors Zénothémis, d'accord avec les Marseil-

lais, compatriotes d'Hégestrate, prétend que le navire ne peut continuer sa route sur Athènes. Il dit qu'il est lui-même de Marseille, que le chargement en est aussi, que le capitaine et les prêteurs à la grosse sont tous Marseillais. Mais cette fois encore ses efforts furent inutiles. Les magistrats de Céphallénie décidèrent que le navire devait retourner à Athènes d'où il était parti; et alors cet homme que personne n'aurait cru assez osé pour se montrer ici après avoir comploté et exécuté pareille chose, cet homme a poussé l'impudence et l'audace, non-seulement jusqu'à venir parmi vous, mais jusqu'à nous disputer le blé qui nous appartient, et à nous intenter une action en justice.

D'où vient cela? Sur quoi compte-t-il lorsqu'il se rend ici, lorsqu'il intente une action? Je vais vous le dire, juges, à mon grand regret, j'en atteste les Dieux, mais il le faut. Il existe au Pirée certaines officines de fripons qui s'entendent tous entre eux, et que vous reconnaîtriez rien qu'à les voir. Au moment où Zénothémis s'opposait à ce que le navire revînt, nous prîmes, d'un commun accord, un de ces hommes, et nous l'envoyâmes pour nous représenter. Quoiqu'il fût bien connu, nous ne savions pas ce qu'il était, malheur non moins grand pour nous que celui d'avoir été mêlés dès le début avec des gens de mauvaise foi. Cet homme, envoyé par nous (son nom est Aristophon, c'est lui qui a si bien arrangé, on vient de nous l'apprendre, les affaires de Miccalion), s'est entendu avec notre adversaire, et lui a vendu ses services. C'est lui qui fait tout, à lui seul. L'autre ne demande pas mieux que de le laisser faire. N'ayant pas réussi à perdre le navire, et ne sachant pas comment rendre ce qu'il a emprunté (où prendrait-il de quoi rendre, puisqu'il n'a rien chargé au départ?) il cherche à s'emparer de ce qui nous appartient, et prétend avoir prêté à Hégestrate sur les blés achetés pour nous par notre agent. Et les prêteurs qui ont été les premiers trompés, voyant que loin de rentrer dans leurs fonds ils ont pour tout gage le bon vouloir d'un débiteur de mauvaise foi, espérant se payer à nos dépens si cet homme parvient à vous en imposer, savent très-bien que tout ce qu'il dit est un mensonge imaginé pour nous dépouiller. Ils se voient néanmoins obligés de faire cause commune avec lui. Ainsi l'exige leur intérêt.

Telle est, en peu de mots, l'affaire sur laquelle vous allez pro-

noncer. Je veux d'abord vous faire entendre les témoins de ce
que j'avance. Je passerai ensuite à ce qui me reste à dire. Lis
donc les dépositions.

TÉMOIGNAGES.

Lors donc que le navire fut arrivé ici, d'après le jugement
rendu à Céphallénie sur l'opposition de notre adversaire, jugement aux termes duquel le navire devait retourner au port d'où
il était parti, ceux qui avaient prêté ici-même, sur corps et
quille, prirent aussitôt possession du vaisseau. Le blé resta en
possession de l'acheteur. Ce dernier était précisément notre débiteur. A ce moment survint notre adversaire, accompagné du
même Aristophon, que nous avions envoyé pour nous représenter, et il prétendit avoir des droits sur ce blé, comme créancier
d'Hégestrate. « Que dis-tu là, mon ami, répond sur-le-champ
Protos (c'est en effet le nom de celui qui a fait venir les blés et qui
nous en doit le prix), tu as prêté de l'argent à Hégestrate, toi!
Mais tu t'es joint à lui pour tromper les tiers, et lui faire obtenir de l'argent ; mais tu tenais de lui-même que ceux qui lui
confiaient leurs fonds ne les reverraient plus, et c'est après cela
que tu lui aurais prêté toi-même? » Et comme il soutenait son
dire avec impudence : « Si tu dis vrai, reprit un des assistants,
cet Hégestrate, ton associé et ton compatriote, t'a trompé tout
comme les autres, c'est pour cela sans doute qu'il s'est donné la
mort, afin d'expier son forfait. » « Je vous dis, ajouta quelqu'un,
qu'ils ont toujours été complices, et la preuve, c'est qu'avant de
mettre à exécution leur criminel projet, Hégestrate et lui ont déposé leur contrat écrit entre les mains d'un des passagers. Et
pourtant si tu avais remis les fonds à Hégestrate sur sa parole,
pourquoi prenais-tu soin d'en passer acte avant le crime? Si tu
n'avais pas confiance en lui, pourquoi, comme les autres, ne
t'étais-tu pas mis en règle avant le départ? » A quoi bon vous en
dire davantage? Tous nos discours ne nous servirent de rien ;
il ne laissait pas enlever les blés. Protos et son associé Pherta-
tos voulurent alors l'éconduire, mais lui ne se laissa pas faire, et
déclara formellement que personne ne l'éconduirait, si ce n'est
moi-même. Depuis lors, Protos et nous l'avons assigné devant
les juges de Syracuse; et là, si nous prouvons que le blé a été
acheté par Protos, que les registres de la douane portent son

nom, que le prix a été acquitté par lui, nous demandons que
Zénothémis soit condamné comme étant de mauvaise foi, si non
il aura tous ses frais, et en outre un talent, et nous lui laissons
enlever le blé. Après cette assignation, après ce langage tenu
par Protos et par nous-mêmes, il ne nous restait plus qu'à choi-
sir entre deux partis : ou bien l'éconduire, ou bien perdre nos
marchandises, quoique étant là sauvées sous nos yeux. De son
côté, Protos nous sommait d'éconduire Zénothémis, et s'engageait formellement à faire le voyage de Sicile ; que si, malgré
cette offre de sa part, nous abandonnions le blé à Zénothémis,
ce serait nous qui subirions les conséquences de cette résolu-
tion. Je vais maintenant prouver ce que j'avance. Il a déclaré
qu'il ne se laisserait pas éconduire par un autre que par moi, il
a refusé de retourner plaider à Syracuse, c'est à bord qu'il a
fait son contrat. Sur tout cela lis les dépositions.

TÉMOIGNAGES.

Ainsi donc puisque Zénothémis ne voulait pas se laisser éconduire par Protos, ni retourner plaider en Sicile, et qu'il avait été
manifestement le complice de toutes les fraudes d'Hégestrate,
nous, porteurs d'un contrat fait ici, et recevant les blés de celui
qui les avait régulièrement achetés à Syracuse, nous n'avions
plus qu'à éconduire Zénothémis ; et quel autre parti pouvions-
nous prendre ? Certes, pas un seul d'entre nous ne pouvait ima-
giner que vous adjugeriez ces blés à celui qui pressait l'équipage de les abandonner, pour qu'ils se perdissent avec le
navire. C'est là surtout ce qui prouve qu'il n'y avait aucun droit.
Si ces blés lui eussent appartenu, aurait-il engagé à les laisser
périr ceux-là même qui voulaient les sauver ? Ne serait-il pas retourné en Sicile sur l'assignation qu'il avait reçue, pour plaider
là où toutes les preuves étaient faciles à fournir ? Jamais, d'ailleurs, il ne nous serait venu cette pensée injurieuse pour vous
qu'un jour vous pourriez recevoir l'action de cet homme, au
sujet de ces marchandises, tandis qu'il a fait tout ce qui dépen-
dait de lui pour qu'Athènes n'eût pas à les recevoir, et cela à
deux reprises, d'abord lorsqu'il pressait l'équipage de les abandonner, et ensuite à Céphallénie lorsqu'il s'opposait à ce que le
navire revînt ici. Eh quoi ! ne serait-ce pas une chose fâcheuse

et déplorable ? Les Céphalléniens, pour conserver le chargement aux Athéniens auraient ordonné que le vaisseau continuât son voyage, et vous, Athéniens, vous adjugeriez la propriété de vos concitoyens à ceux qui ont voulu la jeter à la mer, et vous pourriez déclarer notre adversaire recevable à réclamer ce même chargement qu'il ne voulait pas laisser arriver jusqu'ici ? Non, de par tous les Dieux, cela ne se peut ! Lis ma fin de non-recevoir.

FIN DE NON-RECEVOIR.

Lis maintenant la loi.

LOI.

Je crois avoir montré suffisamment que ma demande est bien fondée en droit, et que l'action n'est pas recevable. Vous allez voir maintenant une adroite manœuvre de celui qui a été l'âme de toute cette affaire, je veux parler d'Aristophon. Jugeant bien, d'après tout ce qui s'était passé, qu'ils n'avaient absolument aucun droit, ils entrent en arrangement avec Protos, et le décident à leur abandonner toute l'affaire. Dès le début, nous le voyons bien maintenant, ils travaillaient en ce sens, et cela était naturel, mais ils étaient restés longtemps sans rien obtenir. En effet, tant que Protos put espérer un bénéfice à faire sur le blé rendu à Athènes, il y tenait fort, aimant mieux prendre le gain pour lui en nous payant, que d'entrer en société avec ceux-ci, et de partager le profit avec eux en nous faisant tort. Mais, de retour ici, il eut à s'occuper des difficultés qui s'élevaient. Cependant le blé baissa, et aussitôt notre homme changea d'avis. En même temps (car il faut, Athéniens, vous dire toute la vérité), nous aussi, ses créanciers, nous le pressions, nous étions mécontents de voir que la perte allait retomber sur nous, nous lui reprochions de n'avoir amené qu'un plaideur de mauvaise foi, au lieu du chargement que nous attendions. Alors cet homme, qui par nature n'est pas des meilleurs apparemment, se tourne du côté de nos adversaires, et consent à faire défaut sur l'action que Zénothémis lui avait intentée avant qu'ils ne fussent d'accord. Si ce dernier se fût désisté envers Protos, on aurait aperçu tout d'abord la manœuvre dirigée contre nous. D'autre part, Protos ne voulait pas laisser prendre contre lui un jugement contradictoire.

Si on lui tenait parole, il était toujours à temps de s'exécuter, sinon il avait la ressource de former opposition. Mais à quoi bon ces précautions ? Si Protos a fait ce que Zénothémis lui reproche dans son assignation, ce n'est pas une condamnation civile, c'est la peine capitale que Protos a justement encourue. Si, au fort du danger et pendant la tempête il a bu du vin jusqu'à perdre la raison, quel châtiment n'a-t-il pas mérité de subir ? ou bien encore s'il a volé des papiers, brisé des cachets? Au surplus, c'est entre vous deux que vous aurez à discuter toutes ces choses. Pour toi, Zénothémis, garde-toi de confondre ma cause et la sienne. Si Protos t'a fait tort, en parole ou en action, tu t'es fait rendre justice, c'était ton droit. Nul de nous ne t'en a empêché, et aujourd'hui même nous ne te demandons que d'épargner Protos. Si tu l'as calomnié, ce n'est pas notre affaire. Mais il a disparu, dites-vous, oui, c'est vous qui l'avez fait disparaître, pour nous priver de son témoignage, et pour pouvoir dire tout ce qu'il vous plaira contre lui. Si ce défaut n'avait pas été contesté entre vous, tu l'aurais cité devant le polémarque, tu lui aurais demandé caution, et s'il avait fourni caution, il aurait été bien forcé de se représenter, ou du moins tu aurais eu à qui t'en prendre. S'il n'avait pas fourni caution, il serait allé en prison. Au lieu de cela vous avez fait cause commune. Il espère, grâce à toi, échapper au payement de la différence dont il est responsable envers nous, et toi, tu l'accuses afin de t'approprier ce qui nous appartient. Et la preuve, c'est que je l'assignerai; toi, tu ne lui as pas demandé caution, et aujourd'hui même, tu te gardes bien de l'assigner!

Ils ont encore un autre moyen sur lequel ils comptent pour vous tromper et vous surprendre. Ils accusent Démosthène, ils diront que si je ne l'avais pas eu avec moi, je n'aurais pas osé faire ce procès. Son talent, sa réputation leur paraissent propres à donner du crédit à cette supposition. Il est vrai, Athéniens, que Démosthène est mon parent, mais (j'atteste ici tous les Dieux que je dis la vérité) le jour où j'allai le trouver, où je lui demandai de m'assister et de me défendre, comme pour une affaire grave : «Démon, me dit-il, je ferai ce que tu voudras, car il serait dur de te refuser. Pourtant avec ta position il faut voir aussi la mienne. Depuis que j'ai commencé à parler sur les affaires publiques, il ne m'est pas arrivé une seule fois de plaider une cause privée. Je me suis même abstenu de celles qui touchent à la politique... »

II. — PLAIDOYER CONTRE PHORMION.

Nous vous demanderons, juges, une chose juste, c'est de nous écouter l'un après l'autre avec bienveillance. Vous connaissez notre inexpérience. Il y a longtemps que nous venons sur votre place, nous y avons fait beaucoup d'affaires, et pourtant nous ne nous sommes jamais présentés devant vous pour plaider, ni comme demandeurs ni comme défendeurs. Aujourd'hui même, soyez-en sûrs, Athéniens, si nous pouvions penser que les fonds prêtés par nous à Phormion ont péri sur le bâtiment naufragé, nous n'aurions pas fait ce procès à notre débiteur. Nous ne sommes pas acharnés à ce point, nous savons supporter une perte. Mais nous recevons des reproches de tous côtés, surtout des gens qui se sont trouvés avec Phormion au Bosphore, et qui savent que les fonds n'ont pas péri avec le navire; il nous paraît trop dur de nous abandonner nous-mêmes et de nous laisser dépouiller par Phormion.

En ce qui touche la fin de non-recevoir, il y a peu de chose à dire. En effet, nos adversaires ne nient pas qu'il n'y ait eu un contrat fait sur votre place, mais ils soutiennent qu'il n'y a plus de contrat qui puisse leur être opposé, puisqu'ils n'ont rien fait que ce qui était convenu dans l'acte écrit. Or, les lois en vertu desquelles vous siégez comme juges ne disent pas cela. Lorsqu'il n'existe pas de contrat fait à Athènes, ou en vue de la place d'Athènes, elles donnent la fin de non-recevoir; mais si l'existence du contrat n'est pas déniée, si la contestation porte uniquement sur l'exécution des engagements contractés, elles enjoignent au défendeur de plaider immédiatement au fond, sans soulever d'exception contre le demandeur. Au surplus, j'espère bien vous montrer par le fait même que mon action est recevable. Voyez, Athéniens, ce que nos adversaires reconnaissent, et ce qu'ils contestent. C'est le meilleur moyen de découvrir la vérité. Ils reconnaissent avoir emprunté des fonds, et avoir constaté l'emprunt par un acte écrit; mais ils prétendent avoir payé la somme en or à Lampis, esclave de Dion, dans le Bosphore. Eh bien, nous allons prouver d'abord que Phormion n'a pas fait ce payement, et ensuite qu'il ne pouvait même pas le faire; mais il est nécessaire de vous raconter en peu de mots ce qui s'est passé, depuis le commencement.

J'ai fait à Phormion, que voici, Athéniens, un prêt de vingt mines pour un voyage au Pont-Euxin et retour, avec affectation sur le chargement d'aller, et j'ai déposé l'acte chez le banquier Kittos. Aux termes de l'acte, il devait être chargé sur le navire des marchandises d'une valeur de quatre mille drachmes. Au lieu de cela, Phormion commet la faute que voici : sur-le-champ, et à notre insu, il emprunte encore au Pirée quatre mille cinq cents drachmes de Théodore le Phénicien, et mille du capitaine Lampis. Il aurait dû acheter à Athènes pour cent quinze mines de marchandises, s'il avait voulu remplir les engagements qu'il avait pris par les actes à l'égard de ses divers créanciers, mais il n'en a acheté que pour cinq mille cinq cents drachmes, y compris les vivres; or il doit soixante-quinze mines. Tel a été, Athéniens, le premier acte de la fraude dont nous sommes les victimes. Il n'a pas fourni l'affectation convenue, il n'a pas chargé les effets sur le navire, comme l'acte lui en imposait l'obligation. Prends-moi l'acte.

ACTE.

Prends maintenant la déclaration reçue par les receveurs du cinquantième, et les dépositions des témoins.

DÉCLARATION, DÉPOSITIONS.

Phormion arrive donc au Bosphore avec des lettres que je lui avais données pour les remettre à mon esclave, qui passait là l'hiver, et à un de mes associés; dans ces lettres, j'avais indiqué la somme prêtée et les marchandises sur lesquelles le prêt était affecté, je donnais ordre de reconnaître ces marchandises aussitôt après le déchargement et d'en suivre la vente. Il s'est bien gardé de remettre ces lettres qu'il avait reçues de moi, ne voulant pas qu'on sût ce qu'il faisait; cependant les affaires étaient devenues difficiles au Bosphore, à cause de la guerre survenue entre Parisade et les Scythes ; le chargement que Phormion avait apporté ne se vendait pas ; lui-même se trouvait dans un grand embarras, pressé par les créanciers qui avaient prêté à la grosse pour le voyage d'aller. Aussi, quand le capitaine le mit en demeure de charger sur le navire, aux termes du contrat, le prix de la vente des marchandises qui me servaient de gage, ce même Phormion, qui prétend aujourd'hui avoir payé la somme en or, répondit qu'il ne pouvait pas mettre les fonds sur le navire, le chargement n'ayant pu être vendu. Il lui ordonna en conséquence de reprendre la mer, ajoutant qu'il partirait lui-même sur un autre navire dès qu'il se serait défait de son chargement. Lis-moi le témoignage qui constate ces faits.

TÉMOIGNAGE.

En conséquence, Athéniens, Phormion resta dans le Bosphore. Lampis prit la mer et fit naufrage à peu de distance du port. On dit que son navire étant déjà chargé outre mesure, il avait encore reçu un millier de peaux sur le tillac. Ce fut la cause de la perte du navire. Lampis se sauva lui-même dans le canot avec les autres esclaves de Dion, mais il perdit plus de trente esclaves, sans parler du reste. L'émotion fut grande au Bosphore lorsqu'on apprit cette perte. Tout le monde félicitait Phormion de n'avoir pas pris place sur ce navire et de n'y avoir rien mis. Voilà ce que tout le monde disait, ce qu'il disait lui-même. Lis-moi les témoignages sur ce fait.

TÉMOIGNAGES.

Lampis lui-même, à qui il prétend avoir remis la somme en or (j'appelle toute votre attention sur ce point), à peine arrivé à Athènes après son naufrage, fut interrogé par moi sur ce qui s'était passé. Il déclara que Phormion n'avait rien chargé sur le navire, comme il y était tenu par le contrat, et ne lui avait remis aucune somme en or, dans le Bosphore. Lis-moi la déposition des témoins.

DÉPOSITION DES TÉMOINS.

Lorsqu'à son tour Phormion fut ici, arrivé à bon port sur un autre navire, j'allai le trouver et je lui réclamai le montant

du prêt. Et à ce premier moment, Athéniens, bien loin de tenir
le langage qu'il tient aujourd'hui, il promettait constamment
de me payer. Mais, quand il se fut entendu avec ceux qui l'assistent maintenant et font avec lui cause commune, je le trouvai
tout changé ; ce n'était plus le même homme. Voyant bien que
j'étais joué, je vais trouver Lampis, je lui dis que Phormion ne
remplit pas ses engagements et ne paye pas sa dette, je lui demande en même temps s'il connaît la demeure de ce dernier
pour que je puisse l'assigner en justice. Lampis me dit de le
suivre et nous trouvons Phormion près de l'endroit où l'on vend
des parfums ; j'avais des récors avec moi, je l'assignai. Lampis
était là présent, Athéniens, au moment où je donnai mon assignation, et il n'a pas osé dire qu'il avait reçu l'or de Phormion.
C'était pourtant bien facile à dire : « Tu ne sais ce que tu fais,
Chrysippe, pourquoi assignes-tu Phormion ? Il m'a remis la
somme en or. » Et non-seulement Lampis n'a pas ouvert la
bouche, mais Phormion lui-même n'a pas jugé à propos de
parler en présence de Lampis, à qui il dit avoir payé la somme
en or. Et cependant, Athéniens, il était bien aisé de dire :
« Pourquoi m'assignes-tu ? J'ai remis la somme à Lampis, ici
présent, » et de faire attester le fait par Lampis lui-même. Aucun des deux n'a dit un seul mot à un moment si décisif. Et pour
preuve de ce que j'avance, prends-moi le témoignage des récors.

TÉMOIGNAGES.

Prends maintenant le libelle de l'action que j'ai intentée contre
lui l'année dernière, preuve non moins forte qu'à ce moment
encore Phormion n'avait pas prétendu avoir payé à Lampis la
somme en or.

LIBELLE DE L'ACTION.

J'ai intenté cette action, Athéniens, sans autre renseigne-
ment que le rapport de Lampis affirmant que Phormion n'avait
pas chargé de marchandises sur son navire, et que lui, Lampis,
n'avait reçu aucune somme en or. Je n'aurais pas été, croyez-le
bien, assez stupide, assez insensé pour rédiger ma demande en
ces termes, si Lampis eût reconnu avoir reçu la somme en or, et

si j'eusse été exposé à me voir convaincre de mensonge par son témoignage.

Considérez encore ceci, Athéniens : Mes adversaires eux-mêmes, lorsqu'ils ont opposé le déclinatoire l'année dernière, n'ont pas osé écrire dans ce déclinatoire qu'ils ont payé la somme en or à Lampis. Prends-moi aussi le déclinatoire.

DÉCLINATOIRE.

Vous le voyez, Athéniens, il n'est dit nulle part, dans le déclinatoire, que Phormion a payé la somme en or à Lampis, et cela quand j'avais écrit tout au long dans ma demande, dont vous venez d'entendre la lecture, que Phormion n'avait ni chargé aucune marchandise sur le navire, ni payé la somme en or. Quel témoin vous faut-il encore, quand vous avez un tel témoignage, émané de mes adversaires eux-mêmes ?

Au moment où l'action allait être introduite devant le tribunal, ils nous prièrent de constituer un arbitre, et nous constituâmes, conformément au contrat, Théodote, étranger domicilié et admis à la jouissance des droits civils. Lampis, s'avisant alors qu'il pouvait impunément témoigner ce qu'il voudrait par-devant l'arbitre, reçut de Phormion une part de l'or qui m'appartient, et témoigna le contraire de ce qu'il avait dit jusque-là. En effet, Athéniens, ce n'est pas la même chose, lorsqu'on fait un faux témoignage, de vous regarder en face, ou de n'avoir devant soi qu'un arbitre. Devant vous, les faux témoins ne rencontrent que l'indignation et un châtiment assuré; devant l'arbitre, ils témoignent tout ce qu'ils veulent, sans danger et sans pudeur. Je me récriai, Athéniens; je me plaignis de l'audace de Lampis, je produisis devant l'arbitre le même témoignage que je produis aujourd'hui devant vous, celui des personnes qui m'avaient accompagné chez lui, qui l'avaient entendu déclarer qu'il n'avait pas reçu la somme en or, et que Phormion n'avait chargé sur le navire aucunes marchandises; et Lampis, ainsi manifestement convaincu de faux témoignage et de mauvaise foi, reconnut qu'il avait en effet tenu ce langage à la charge de Phormion, mais sans savoir ce qu'il disait. Lis-moi ce témoignage.

TÉMOIGNAGE.

Après nous avoir entendus à plusieurs reprises, Athéniens, Théodote, bien convaincu que Lampis avait fait un faux témoignage, ne rendit pas de sentence et nous renvoya devant le tribunal. Il ne voulut pas condamner Phormion, parce qu'il était lié avec lui, comme nous l'avons su depuis, mais il n'osa pas nous débouter de notre action, par respect pour son serment. Et maintenant, juges, rappelez-vous toutes les circonstances du fait, et demandez-vous par quels moyens Phormion aura pu remettre cet or. Il était parti d'ici sans avoir chargé les marchandises sur le navire et sans avoir fourni l'affectation convenue; il avait même emprunté sur le chargement qui m'appartenait. Arrivé au Bosphore, il ne trouva pas d'acheteurs pour ses marchandises, et eut grand'peine à satisfaire les créanciers qui avaient prêté pour le voyage d'aller. Or, Chrysippe lui a prêté deux mille drachmes pour l'aller et le retour, et doit recevoir à Athènes deux mille six cents drachmes. Phormion prétend qu'il a payé à Lampis, au Bosphore, cent vingt statères de Cyzique (écoutez bien ceci), empruntés par lui au taux de l'intérêt terrestre, c'est-à-dire au denier six; or, le statère de Cyzique valait au Bosphore vingt-huit drachmes attiques. Vous pouvez voir par là quelle est la somme qu'il dit avoir payée. Les cent vingt statères font trois mille trois cent soixante drachmes; or, l'intérêt terrestre, au denier six, de trente-trois mines et soixante drachmes est de cinq cent soixante drachmes; la somme totale est facile à calculer. Maintenant, juges, existe-t-il, existera-t-il jamais un homme qui, au lieu de payer deux mille six cents drachmes, préfère en payer trois mille trois cent soixante, empruntées par lui à un intérêt de cinq cent soixante drachmes? C'est la somme qu'il prétend avoir remise à Lampis, en sorte qu'il a déboursé trois mille neuf cent vingt drachmes. Quand il pouvait ne payer qu'à Athènes, après le double voyage d'aller et retour, il a payé au Bosphore treize mines de plus. A ceux qui avaient prêté pour le voyage d'aller, tu as eu grand'peine à rendre le capital, et pourtant ils avaient fait le voyage avec toi et ne te perdaient pas de vue, et Chrysippe absent a reçu de toi non-seulement le capital et les intérêts, mais encore le montant

de la clause pénale portée au contrat, sans qu'il y eût pour toi
aucune nécessité ! Tu ne redoutais pas ceux de tes créanciers
qui, aux termes de leurs contrats, pouvaient te forcer à payer
au Bosphore, et tu prétends avoir pris souci de celui à qui tu
avais commencé par porter préjudice, en ne chargeant, au mépris du contrat, aucune marchandise sur ton navire, au départ
d'Athènes ! Et aujourd'hui, de retour sur la place où les conventions ont été passées, tu ne crains pas de refuser le payement
à ton créancier, et tu prétends avoir fait au Bosphore plus que
tu n'étais tenu de faire, alors que le prêteur n'avait pas d'action
contre toi ! En général, ceux qui ont emprunté à la grosse pour
voyage d'aller et retour, au moment de quitter la place où ils
se sont rendus, appellent des témoins en grand nombre pour
certifier que les marchandises voyagent désormais aux risques
du prêteur; mais toi, tu n'invoques à l'appui de ton dire qu'un
seul témoin, ton complice. Tu n'as appelé ni notre esclave en
résidence au Bosphore, ni notre associé ; tu ne leur a pas remis
les lettres dont nous t'avions chargé pour eux, par lesquelles
nous leur mandions de surveiller tous tes actes. De quoi n'est-il
pas capable, juges, celui qui se charge d'une lettre et ne la remet pas fidèlement, exactement ? Pouvez-vous douter de la
fraude quand vous voyez ce qu'il a fait ? Et pourtant, au nom
des Dieux, lorsqu'il payait une si forte somme en or, supérieure
à la somme empruntée, ne convenait-il pas de rendre la chose
publique sur toute la place, d'appeler tout le monde, et, avant
tous autres, l'esclave et l'associé de Chrysippe ? Vous savez tous
que pour emprunter on se contente d'un petit nombre de témoins, mais pour payer on en appelle un grand nombre, afin
de montrer qu'on est exact à remplir ses engagements. Et toi, qui
payais le capital et les intérêts d'aller et retour, quoique tu
n'eusses employé les fonds que pour un seul voyage, et qui
payais treize mines de plus que la somme due, n'aurais-tu pas
dû faire intervenir plusieurs témoins ? Si tu avais fait cela, tu
te serais fait parmi les gens de mer une réputation sans égale.
Au lieu de prendre beaucoup de témoins, tu as tâché de te sous-
traire à tous les regards, comme pour commettre une mauvaise
action. Si du moins tu avais payé entre mes mains, il ne fallait
pas de témoins ; il suffisait d'anéantir l'acte écrit pour te libérer
de tous tes engagements. Mais ce n'est pas à moi que tu as payé,

c'est à un autre agissant en mon nom, et non pas à Athènes, mais au Bosphore; l'acte écrit qui te liait envers moi était déposé à Athènes; l'homme à qui tu payais cet or était mortel, il avait une grande étendue de mer à traverser, et cependant tu n'as pris aucun témoin, ni esclave ni libre. « L'acte, dit-il, m'obligeait à payer entre les mains du capitaine. » Mais, à coup sûr, cet acte ne t'empêchait ni d'appeler les témoins, ni de rendre les lettres. Et quand les prêteurs ont rédigé en double l'acte qui constate leurs conventions, en gens qui se méfient et prennent leurs précautions, toi tu prétends avoir payé l'or entre les mains du capitaine, étant seul avec lui, sachant bien pourtant que l'acte qui te liait envers Chrysippe était déposé à Athènes.

Il dit que l'acte l'oblige à rendre les fonds, seulement au cas où le navire sera de retour à bon port. Mais il t'oblige aussi à charger sur le navire des marchandises achetées avec ces fonds, à peine de payer cinq mille drachmes. Loin d'obéir à cette clause de l'acte, tu as commencé par l'enfreindre, et, n'ayant rien chargé sur le navire, tu soulèves une contestation sur un article d'un contrat que toi-même as déchiré. Tu reconnais que tu n'as rien chargé sur le navire, au Bosphore, mais tu prétends avoir remis l'or au capitaine. En ce cas, pourquoi parler du navire ? Tu n'avais aucune part dans les risques du navire, puisque tu n'y mettais rien. D'abord, Athéniens, il a soutenu qu'il avait chargé les marchandises sur le navire, et c'est sur cette base qu'il édifiait toute sa défense; mais se voyant sur le point d'être de toute part convaincu de mensonge, soit par les registres des receveurs du port au Bosphore, soit par le témoignage des gens qui se trouvaient en ce moment sur cette place, alors, changeant de système, il s'entend avec Lampis et dit avoir payé la somme en or. Il donne pour prétexte que l'acte lui imposait cette obligation, et il croit que nous aurons de la peine à découvrir ce qu'ils ont fait entre eux, seuls, sans témoins. Quant à Lampis, tout ce qu'il m'a dit avant de s'être vendu à Phormion, il prétend l'avoir dit sans savoir ce qu'il faisait. Mais aujourd'hui qu'il a reçu sa part de l'or qui m'appartient, il sait bien ce qu'il fait et ses souvenirs sont très-précis.

Maintenant, juges, si Lampis n'avait eu de mauvais procédés qu'envers moi seul, ce serait chose ordinaire, mais il a fait bien pis et au préjudice de vous tous. Parisade avait publié au Bos-

phore que quiconque voudrait porter du blé à Athènes pour
approvisionner le marché athénien serait affranchi de tout
droit d'exportation. Lampis, qui se trouvait alors au Bosphore, se chargea d'une expédition de ce genre et jouit de la
franchise accordée au peuple athénien ; il remplit de blé un
grand navire, transporta ce blé à Acanthe et l'y vendit, après
avoir partagé nos dépouilles avec Phormion. Voilà ce qu'il a
fait, juges, et pourtant il avait son domicile à Athènes ; il y
avait laissé sa femme et ses enfants, et les lois menaçaient des
peines les plus sévères quiconque, demeurant à Athènes, porte-
rait du blé ailleurs que sur les marchés athéniens, et, dans ce
même moment, ceux d'entre vous qui habitent la ville rece-
vaient des rations de farine à l'Odéon, ceux qui demeurent au
Pirée achetaient leurs pains au prix d'une obole, à l'arsenal maritime et au grand portique, et se pressaient en foule pour obtenir par tête un demi-setier de farine. En preuve de ce que
j'avance, prends-moi le témoignage et la loi.

TÉMOIGNAGE, LOI.

Voilà l'associé, le témoin dont se sert Phormion pour nous
dépouiller, nous qui avons passé notre vie à amener du blé sur
votre place, qui, par trois fois, dans des circonstances pressantes
pour la république, avons constamment répondu à l'appel fait
par vous au dévouement des amis du peuple. Lorsque Alexandre
marcha sur Thèbes, nous vous donnâmes un talent d'argent.
Dans la disette qui a précédé la dernière, alors que le prix du
blé s'était élevé jusqu'à seize drachmes, nous introduisîmes plus
de dix mille médimnes de grains et nous les distribuâmes au
prix ordinaire de cinq drachmes le médimne. Vous le savez,
puisque vous avez tous participé à cette distribution dans l'édi-
fice où se font les processions. L'année dernière enfin, lorsqu'on
fit venir du blé pour la nourriture du peuple, nous donnâmes
un talent, mon frère et moi. Lis-moi les témoignages.

TÉMOIGNAGES.

Certes, s'il y a des présomptions à tirer de ces faits, il n'est
pas vraisemblable qu'après vous avoir tant donné pour acquérir
vos bonnes grâces, nous venions faire un méchant procès à

Phormion, pour perdre la bienveillance dont nous jouissons. Venez-nous donc en aide, juges ; nous l'avons bien mérité. Quant à Phormion, il n'a pas, dès le principe, chargé sur le navire des marchandises en quantité suffisante pour garantir les sommes empruntées par lui à Athènes ; celles qu'il a vendues au Bosphore ont à peine produit de quoi payer les créanciers qui avaient prêté pour le voyage d'aller ; il n'était donc pas en état de me payer, et n'était pas d'ailleurs assez insensé pour donner trente-neuf mines, au lieu de deux mille six cents drachmes ; enfin, quand il a remis la somme en or à Lampis, il n'a appelé ni mon esclave, ni mon associé résidant au Bosphore. Je vous ai prouvé tout cela. Lampis m'a déclaré lui-même, comme vous le voyez, avant d'être suborné par Phormion, qu'il n'a pas reçu l'or. Si maintenant Phormion peut prendre tous mes arguments l'un après l'autre et les réfuter, je ne sache pas pour lui de meilleure apologie ; mais quant à la recevabilité de l'action, j'invoque la loi elle-même. Elle porte que les actions commerciales seront données pour toutes conventions faites à Athènes ou en vue de la place d'Athènes, ainsi, non-seulement pour celles qui sont passées à Athènes, mais encore pour toutes celles qui intéressent la navigation à destination d'Athènes. Prends-moi les lois.

LOIS.

Qu'il y ait eu entre Phormion et moi une convention passée à Athènes, ils ne le nient point, mais ils opposent un déclinatoire et veulent faire déclarer l'action non-recevable. A quel tribunal irions-nous donc, juges, si ce n'est devant vous, au lieu où nous avons contracté. Eh quoi ! s'il s'agissait simplement d'un voyage à destination d'Athènes, je pourrais m'adresser à vous pour obtenir justice contre Phormion, et aujourd'hui qu'il s'agit d'un contrat passé sur votre place, vous pourriez déclarer que nos adversaires ne sont pas tenus de procéder devant vous ! Et quand nous avons mis l'affaire en arbitrage devant Théodote, ils ont reconnu que mon action contre eux était recevable. Aujourd'hui leur langage est le contraire de celui qu'ils ont tenu jusqu'ici ; ils disent que, devant Théodote, étranger simplement admis à la jouissance des droits civils, ils étaient tenus de défendre à l'action, sans pouvoir opposer de déclinatoire, mais que l'action n'est plus recevable du moment où nous l'introduisons devant un tribunal athénien. Je me demande, en vérité, quels motifs il aurait donnés dans son déclinatoire, si Théodote eût jugé au fond contre lui ; lui qui, malgré la sentence par laquelle Théodote nous renvoie devant le tribunal, prétend que l'action n'est pas recevable devant vous qui en êtes saisis par ce renvoi. Certes, je serais bien malheureux, si, en présence des lois qui donnent action devant les thesmothètes pour contrats passés à Athènes, vous repoussiez ma demande, vous qui avez juré de juger selon les lois.

Ainsi, le prêt que nous leur avons fait est prouvé par l'acte et par l'aveu de Phormion lui-même. Quant au payement, il n'a pas eu d'autre témoin que Lampis, le complice de Phormion. Et tandis que Phormion prétend prouver ce payement par l'unique témoignage de Lampis, moi j'invoque, outre l'aveu de Lampis lui-même, le témoignage de ceux qui l'ont entendu dire qu'il n'avait pas reçu la somme en or. Ce n'est pas tout, il peut discuter mes témoins, s'il prétend qu'ils ne disent pas la vérité ; mais moi, que puis-je faire des siens, qui rapportent le témoignage de Lampis déclarant qu'il a reçu l'or? Si l'on produisait le témoignage même de Lampis, mes adversaires pourraient être fondés à dire que je dois le discuter ; mais je n'ai pas ce témoignage, et Phormion prétend qu'il doit être renvoyé des fins de ma demande, sans même vous assurer par aucune garantie sérieuse que vous jugerez bien en jugeant comme il le veut. Quand Phormion reconnaît l'emprunt et allègue un prétendu payement, refuserez-vous d'admettre le fait qu'il avoue lui-même, et tiendrez-vous pour vrai celui que nous contestons? Et quand Lampis, sur le témoignage duquel il s'appuie, après avoir nié tout d'abord le fait du payement, déclare aujourd'hui le contraire, vous, qui savez qu'il n'a rien reçu, n'êtes-vous pas en quelque sorte les témoins du fait? Ce que Lampis a dit de conforme à la vérité, l'écarterez-vous comme ne formant pas preuve ; et les mensonges qu'il a débités ensuite, depuis qu'on l'a suborné, vous paraîtront-ils plus dignes de foi? Non, Athéniens, il est beaucoup plus juste de s'attacher aux premières dépositions qu'à celles qui ont été concertées depuis. La première fois, il a parlé sans apprêt, il a tenu le langage de la vérité ; la seconde fois il a menti et cherché son propre intérêt. Rappelez-

vous ceci, Athéniens : Lampis lui-même ne nie pas qu'il a déclaré n'avoir pas reçu l'or. Il avoue qu'il a dit cela, il prétend
seulement qu'il ne savait ce qu'il disait. Des deux parts de son
témoignage, pourriez-vous croire celle qui est favorable au débiteur infidèle, et repousser celle qui profite au créancier malheureux ? Non, juges ; n'êtes-vous pas les mêmes hommes qui
avez prononcé la peine de mort contre un accusé traduit devant
le peuple pour avoir fait chez vous, et coup sur coup, plusieurs
emprunts à la grosse, et pour n'avoir pas fourni aux prêteurs
les sûretés promises ? Et pourtant il était votre concitoyen, et son
père avait été général. Vous pensez que ces sortes de gens ne
font pas seulement tort à ceux que le hasard met en relations
avec eux, mais que leur fraude est une calamité publique pour
la place toute entière ; et vous avez raison. En effet, ce ne sont
pas les emprunteurs, ce sont les prêteurs qui font la prospérité
de toutes les professions maritimes. Il n'y a plus de navire, plus
de capitaine, plus d'équipage qui puisse prendre la mer, si vous
ne faites pas aux prêteurs la part qui leur revient. Sans doute,
les lois contiennent beaucoup de belles dispositions en leur faveur, mais il faut que vous aussi vous preniez leurs intérêts en
main et que vous ne laissiez pas le champ libre à la fraude. C'est
le plus sûr moyen d'assurer la prospérité de votre place, et la
chose est faite si vous protégez ceux qui avancent leur argent, si
vous ne les livrez pas à ces gens-là comme une proie à dévorer.

Maintenant j'ai dit tout ce que j'étais capable de dire. Je vais
appeler quelque autre de mes amis, si vous le désirez.

III. — PLAIDOYER CONTRE LACRITE.

La conduite de ces Phasélites n'a rien qui doive vous étonner,
juges, c'est l'habitude chez eux. Ils sont très-habiles à se faire
prêter des fonds sur notre place, mais dès qu'ils les ont reçus et
qu'ils ont souscrit le contrat maritime, ils oublient aussitôt les
contrats, les lois, l'obligation de rendre ce qu'ils ont reçu.
Rendre, pour eux, c'est perdre du leur. Aussi, au lieu de rendre,
ils inventent des sophismes, des déclinatoires, des prétextes ; on
ne saurait pousser plus loin l'improbité et la mauvaise foi. Il y

a une preuve de ce fait : De tous ceux qui viennent en grand nombre à votre marché, Grecs et Barbares, les Phasélites ont toujours à eux seuls plus de procès que tous les autres ensemble. Voilà comme ils sont tous. J'ai donc fait, juges, un prêt à la grosse à Artémon, frère de mon adversaire, conformément aux lois commerciales, pour un voyage au Pont et retour à Athènes. Artémon étant mort avant de m'avoir rendu l'argent, j'ai intenté cette action à Lacrite, que vous voyez, aux termes de ces mêmes lois d'après lesquelles j'ai contracté. Lacrite est le frère d'Artémon, il possède tous les biens de ce dernier, ceux qu'il a laissés ici comme ceux qu'il possédait à Phasélis ; il est son héritier universel, et il ne peut alléguer aucune loi, qui, lorsqu'il a appréhendé la succession de son frère, lorsqu'il en a disposé comme il lui a semblé bon, l'autorise à ne pas payer ses dettes, et à dire maintenant qu'il n'est pas héritier, et qu'il s'abstient. Telle est l'improbité de ce Lacrite. Je vous prie donc, juges, de m'écouter avec bienveillance dans cette affaire. Si je prouve qu'il a fait tort, à nous prêteurs, et qu'il n'a pas moins fait tort à vous-mêmes, en ce cas venez-nous en aide et maintenez nos droits.

Personnellement, juges, je ne connaissais pas le moins du monde ces gens-là. Mais j'ai pour amis Thrasymède, fils de Diophante, j'entends celui de Sphette, et son frère Mélanope, et nous nous voyons le plus possible. Un jour ils vinrent me trouver, avec Lacrite que voici (d'où le connaissaient-ils ? je ne sais), et me prièrent de prêter de l'argent pour un voyage au Pont à Artémon, frère de Lacrite, et à Apollodore, et de les mettre ainsi en état de prendre la mer. Ni Thrasymède, ni moi, juges, ne connaissions la mauvaise foi de ces gens-là. Nous pensions avoir affaire à d'honnêtes gens, puisqu'ils se donnaient et se faisaient passer pour honnêtes, et nous ne doutions pas qu'ils ne tinssent toutes les promesses que Lacrite faisait pour eux. Thrasymède se trompait fort, et ne savait pas à quels oiseaux de proie il se trouvait mêlé. Je cédai donc à ses instances, à celles de son frère, à Lacrite, qui se faisait fort que ses frères rempliraient envers moi tous leurs engagements, et avec l'aide d'un homme de Caryste, qui est notre hôte, je prêtai trente mines d'argent. Je commencerai, juges, par vous faire entendre la lecture de l'acte par lequel nous avons fait ce prêt, et les dépositions des témoins qui ont assisté à l'emprunt. Nous passerons ensuite au reste, et nous vous montrerons tous les vols commis par nos adversaires dans l'exécution du contrat. Lis d'abord l'acte, et ensuite les dépositions.

CONTRAT.

« Androclès de Sphette et Nausicrate de Caryste ont prêté à Artémon et Apollodore, de Phasélis, trois mille drachmes d'argent pour un voyage à Mendé et Scioné, de là au Bosphore, et même, s'ils le veulent, jusqu'au Borysthène, en longeant la côte à gauche, avec retour à Athènes, à raison de deux-cent vingt-cinq drachmes par mille, et de trois cents drachmes par mille s'ils ne reprennent la mer qu'à l'automne pour aller du Pont à Hiéron. Ce prêt est affecté sur trois mille amphores de vin de Mendé, qui sera chargé à Mendé ou à Scioné, dans le navire à vingt rames commandé par Hyblésios. Il est déclaré que les objets ainsi affectés sont francs et quittes de toute autre dette, et ne seront point affectés à un nouvel emprunt. Ils ramèneront à Athènes sur le même navire toutes les marchandises qu'ils auront prises en échange au Pont. Si ces marchandises arrivent à bon port à Athènes, les emprunteurs payeront aux prêteurs la somme qu'ils leur devront, aux termes du contrat, dans les vingt jours de l'arrivée à Athènes, sans autre déduction que celle du jet, pour le cas où des marchandises auraient été jetées à la mer par tous les passagers délibérant en commun, et celle des rançons qui pourront être payées aux ennemis. Sauf ces déductions, le payement devra être intégral. Ils mettront à la disposition des prêteurs le gage intact, jusqu'à ce qu'ils payent la somme due, aux termes du contrat. A défaut de payement au terme convenu, les prêteurs pourront se mettre en possession du gage et le vendre au prix qu'ils en trouveront. Et si le prix est insuffisant pour remplir les prêteurs de la somme qu'ils devront recevoir aux termes du contrat, les prêteurs pourront poursuivre Artémon et Apollodore sur tous leurs biens de terre et de mer, en quelque lieu que ces biens se trouvent, comme s'il y avait contre eux jugement de condamnation et mise en demeure, et ce droit appartiendra à chacun des prêteurs comme à tous les deux. Si les emprunteurs n'entrent pas dans le Pont-Euxin, ils feront relâche dans l'Hellespont pendant les dix jours après la canicule, et mettront les marchandises à terre dans un lieu où les

Athéniens n'ont pas droit de représailles, et lorsqu'ils reviendront de ce lieu à Athènes, ils payeront les intérêts portés au contrat l'année précédente. En cas d'accident arrivé au navire sur lequel seront transportées les marchandises, on s'efforcera de sauver les marchandises affectées à l'emprunt, et le produit du sauvetage appartiendra par indivis aux prêteurs. A l'égard de tous ces points, rien ne pourra prévaloir sur la présente convention. Témoins : Phormion du Pirée, Céphisodore de Béotie, Héliodore de Pitthée. »

Lis maintenant les témoignages.

TÉMOIGNAGES.

« Archénomide, fils d'Archédamas, d'Anagyrasion, déclare qu'un acte a été déposé chez lui par Androclès de Sphette, Nausicrate de Caryste, Artémon et Apollodore de Phasélis, et que l'acte est encore chez lui. »

Lis aussi le témoignage des assistants.

TÉMOIGNAGE.

« Théodote, isotèle, Charinos fils d'Épicharès de Leuconoé, Phormion, fils de Céphisophon, du Pirée, Céphisodore de Béotie, Héliodore de Pitthée déclarent avoir été présents lorsque Androclès a prêté trois mille drachmes d'argent à Apollodore et Artémon, et savoir que l'acte a été déposé chez Archénomide d'Anagyrasion. »

Aux termes de cet acte, juges, j'ai prêté les fonds à Artémon, frère de Lacrite, sur la recommandation de ce dernier, et sur la promesse qu'il m'a faite que tous les engagements pris envers moi dans l'acte de prêt seraient fidèlement remplis. C'est lui-même qui écrivit l'acte, et, après l'avoir écrit, y apposa son cachet avec moi. Ses frères, en effet, étaient encore mineurs, et tout enfants, mais lui, Lacrite de Phasélis, était un personnage, un élève d'Isocrate. C'est lui qui conduisait toute l'affaire, et c'est sur lui qu'il m'engageait à compter. Il disait, en effet, qu'il pourvoirait lui-même à tout ce que j'avais le droit d'exiger, et qu'il resterait à Athènes pendant que son frère Artémon voyagerait avec l'argent. A ce moment, juges, lorsqu'il voulait se procurer notre argent, il se disait frère et associé d'Artémon, et tenait le langage le plus séduisant du monde. Mais dès qu'ils eurent les fonds entre les mains, ils se les partagèrent, et en firent l'usage qu'ils voulurent ; quant au contrat maritime qu'ils avaient passé pour avoir les fonds, ils ne l'ont exécuté ni peu ni prou, comme le fait même l'a montré. Toute cette trame a été ourdie par ce Lacrite que vous voyez. Je vais prendre tous les articles du contrat, l'un après l'autre, et je vous montrerai que mes adversaires n'ont rien fait qui puisse être justifié.

L'acte porte en premier lieu qu'ils ont emprunté de nous trente mines sur trois mille amphores de vin, d'une valeur suffisante pour garantir encore un autre emprunt de trente mines. Ainsi la valeur du vin était fixée par là même à un talent d'argent, plus de quoi couvrir les frais que ce vin exigeait pour sa conservation. Ces trois mille amphores devaient être portées dans le Pont sur le navire à vingt rames commandé par Hyblésios. Voilà, juges, ce qui est écrit dans l'acte dont vous avez entendu la lecture. Qu'ont fait nos adversaires? Au lieu de trois mille amphores, ils n'en ont pas chargé cinq cents sur le navire. Au lieu d'acheter la quantité de vin convenue, ils ont employé les fonds comme il leur a plu ; mais quant aux trois mille amphores, ils ne se sont jamais occupés de les charger sur le navire aux termes du contrat. Ils n'y ont même pas songé. Pour preuve de ce que j'avance, prends le témoignage de ceux qui étaient avec eux sur le même navire.

TÉMOIGNAGE.

« Erasiclès déclare qu'il gouvernait le navire commandé par Hyblésios, et qu'à sa connaissance Apollodore avait mis sur ce navire quatre cent cinquante amphores de vin de Mendé, pas davantage. Du reste Apollodore n'avait sur ce navire en allant au Pont aucune autre marchandise.

« Hippias, fils d'Athénippe, d'Halicarnasse, déclare qu'il a fait le voyage sur le navire d'Hyblésios, comme contre-maître, et qu'à sa connaissance Apollodore de Phasélis conduisait de Mendé au Pont dans son bâtiment quatre cent cinquante amphores de vin de Mendé, et aucune autre marchandise.

« Ont encore déposé : Archiade fils de Mnésonide, d'Acharnes, Sostrate fils de Philippe, d'Histiée, Eumarique fils d'Eubée, d'Histiée, Philtiade fils de Ctésias, de Xypété, Denys fils de Démocratide, de Chollé. »

En ce qui concerne la quantité du vin qu'ils devaient charger sur le navire, voilà ce qu'ils ont fait, et c'est ainsi qu'ils ont enfreint le contrat et refusé de l'exécuter, en commençant par le premier article. Après cela, il est dit dans le contrat qu'ils affectent ces marchandises libres de toute charge, qu'ils ne doivent rien à personne, qu'ils ne feront à qui que ce soit aucun autre emprunt sur les mêmes marchandises. Cela est écrit, juges, en termes formels. Or qu'ont-ils fait ? Oubliant ce qui est écrit dans l'acte, ils empruntent à je ne sais quel jeune homme, à qui ils se donnent comme ne devant rien à personne. Ainsi ils usaient de dol envers nous en empruntant sur nos biens, à notre insu, et en même temps ils trompaient ce jeune homme, leur prêteur, en donnant pour libres les biens qu'ils affectaient à ce nouvel emprunt. Telle est la fraude dont ils se sont rendus coupables, et c'est Lacrite que voici qui a tout conduit. Pour prouver que je dis vrai, et qu'ils ont contracté un nouvel emprunt, contrairement au contrat, on va vous lire le témoignage du nouveau prêteur lui-même. Lis le témoignage.

TÉMOIGNAGE.

« Aratus d'Halicarnasse déclare avoir prêté à Apollodore onze mines d'argent sur le fret qu'il conduisait au Pont dans le navire d'Hyblésios, et sur le fret de retour, et n'avoir pas su qu'Apollodore avait déjà emprunté de l'argent à Androclès, autrement il n'aurait pas lui-même fait ce prêt à Apollodore. »

Telle a été la mauvaise foi de ces gens-là. Après cela, juges, il est écrit dans l'acte qu'après s'être défait, au Pont, des marchandises par eux apportées, ils en achèteront d'autres qu'ils chargeront comme fret de retour et qu'ils conduiront à Athènes, et qu'après leur retour à Athènes ils nous rendront l'argent en bonne monnaie, dans un délai de vingt jours. En outre, jusqu'à ce qu'ils nous aient payés, ces marchandises sont à nous, et ils sont tenus de les tenir intactes à notre disposition jusqu'à ce que nous ayons touché. Tout cela est écrit dans l'acte en termes précis. C'est ici, juges, que nos adversaires ont montré de la manière la plus éclatante leur audace et leur effronterie, ne tenant aucun compte de ce qui est écrit dans l'acte, et ne voyant d'ailleurs dans tout cet acte que de vains propos et des paroles en l'air. Ils n'ont rien acheté au Pont, en remplacement des marchandises vendues, et n'ont pris aucun fret de retour pour Athènes, et nous, prêteurs, après leur retour du Pont, nous n'avons trouvé aucun gage dont nous pussions nous saisir, et nous mettre en possession en attendant que nous fussions remboursés, puisqu'ils ne rapportaient aucun chargement dans votre port. Loin de là, juges, on nous a traités de la façon la plus inouïe. Dans notre propre ville, sans que nous leur eussions fait aucun tort, sans qu'ils eussent aucun jugement contre nous, ils ont exercé sur nos biens un droit de prise, eux, citoyens de Phasélis, comme si le droit de prise était reconnu aux Phasélites contre des Athéniens. Et en effet, s'ils ne veulent pas rendre ce qu'ils ont reçu, n'est-ce pas appeler les choses de leur vrai nom que de dire qu'ils enlèvent de vive force le bien d'autrui. Pour moi je ne sache pas qu'il ait jamais été commis de fraude plus noire que celle dont ils se sont rendus coupables envers nous, et cela, lorsqu'ils reconnaissent qu'ils ont reçu de nous l'argent. Toutes les fois qu'on n'est pas d'accord au sujet d'un contrat, en ce cas, juges, il faut qu'un tribunal décide ; mais quand les faits sont reconnus de part et d'autre, et expressément prévus par le contrat maritime, personne ne doute qu'en ce cas tout est fini, et qu'il faut s'en tenir à la lettre de l'acte. Ainsi, loin de rien faire pour exécuter le contrat, ils ont, dès le début, employé des manœuvres et un concert frauduleux pour une conduite qui n'a rien d'honnête, et c'est de quoi, vous le voyez, ils sont manifestement convaincus tant par les dépositions des témoins que par leurs propres aveux.

Il faut maintenant vous faire connaître le plus grave des griefs que j'ai contre Lacrite ; car c'est lui qui dirigeait tout. Lorsqu'ils furent de retour ici, au lieu d'aborder dans votre port, ils ont pris terre au port des Voleurs, situé hors des barrières de votre marché. Prendre terre au port des Voleurs, c'est comme si l'on prenait terre à Égine ou à Mégare. On peut sortir de ce port pour aller où l'on veut, et au moment que l'on juge opportun. Le bâtiment resta là pendant plus de vingt-cinq jours. Cependant ils allaient et venaient devant notre magasin, nous nous approchons d'eux, nous échangeons quelques paroles, et nous les mettons en demeure de pourvoir à ce que nous soyons payés le plus tôt possible. Ils reconnurent la dette, et promirent de terminer l'affaire. Nous ne les perdions pas de vue, et nous restions aux aguets pour voir s'ils ne déchargeraient rien hors du bâtiment, ou s'ils ne feraient aucune déclaration en douane. Cependant les jours se suivaient, eux étaient toujours ici et nous n'apprenions pas qu'il eût été rien déchargé ni déclaré en leur nom, nous commençâmes alors à réclamer avec plus d'insistance. Comme nous les pressions vivement, Lacrite, le frère d'Artémon, répond qu'il leur est impossible de nous rembourser, que toutes les marchandises ont péri, et qu'il a un bon moyen de défense contre nous. Nous fûmes indignés, juges, d'entendre un pareil langage, mais toute notre indignation ne servait de rien. Ils ne s'en souciaient nullement. Nous leur demandâmes pourtant comment les marchandises avaient péri. Lacrite nous dit que le bâtiment avait fait naufrage dans la traversée de Panticapée à Théodosie, et que dans ce naufrage ses frères avaient perdu toutes les marchandises qui se trouvaient sur le navire, c'étaient des salaisons, du vin de Cos, et autres choses pareilles. Ils ajoutèrent que c'était leur fret de retour, et qu'ils allaient le conduire à Athènes si tout n'avait pas péri avec le navire. Tel fut son langage. Voyez maintenant la mauvaise foi de ces gens et leur mensonge. D'abord ils n'avaient aucun intérêt dans le navire qui a fait naufrage, c'était un autre qu'eux qui avait prêté, à Athènes même, sur le fret à faire dans le voyage au Pont, et sur le corps et quille du navire (le nom du prêteur était Antipatros, de Cittion). Quant au vin de Cos (quatre-vingts amphores de vin passé), et aux salaisons, tout cela appartenait à un propriétaire qui les faisait venir de Panticapée à Théodosie pour nourrir les ouvriers employés à la culture de ses terres. Pourquoi donc tous ces prétextes? car enfin ils n'avaient aucun intérêt sur ce navire. Prends-moi les témoignages, d'abord celui d'Apollonide qui déclare que le prêt fait sur ce navire avait été fait par Antipatros, et que le naufrage n'intéresse en rien nos adversaires, ensuite ceux d'Érasiclès et d'Hippias attestant que le navire transportait seulement quatre-vingts amphores et pas davantage.

TÉMOIGNAGES.

« Apollonide d'Halicarnasse déclare qu'il est à sa connaissance qu'Antipatros de Cittion a prêté à Hyblésios, pour un voyage au Pont, sur le navire commandé par Hyblésios, et sur le fret d'A-thènes au Pont ; qu'il était copropriétaire du navire avec Hyhlé-sios ; que des esclaves à lui accompagnaient le navire, et qu'au moment du naufrage ses esclaves se trouvaient là et lui ont porté la nouvelle, et que le navire était vide lorsqu'il périt dans la traversée de Panticapée à Théodosie.

« Érasiclès déclare qu'il a fait le voyage du Pont avec Hyblé-sios, en qualité de pilote, et qu'il est à sa connaissance que le navire était vide lorsqu'il a fait la traversée de Panticapée à Théodosie ; qu'il n'y avait pas, sur le bâtiment, de vin apparte-nant à Apollodore, le défendeur au procès actuel, mais qu'il s'y trouvait environ quatre-vingts amphores de vin de Cos, appar-tenant à une personne de Théodosie.

« Hippias fils d'Athénippe, d'Halicarnasse, déclare qu'il a fait le voyage avec Hyblésios, comme surveillant, et qu'au moment où le navire partit de Panticapée pour se rendre à Théodosie, Apollodore y chargea un ou deux ballots de laine, onze ou douze vases de salaison, et deux ou trois paquets de peaux de chèvre, rien de plus.

« Ont fait les mêmes déclarations Euphilète fils de Damotime, d'Aphidnæ, Hippias fils de Timoxène, de Thymæta, Sostrate fils de Philippe, d'Histiée, Archénomide fils de Straton, de Thriase, Philtiade fils de Ctésiclès, de Xypété. »

Telle est l'impudence de ces gens-là. Pour vous, juges, réflé-chissez en vous-mêmes, si vous avez jamais vu ou entendu dire qu'on ait apporté du vin du Pont à Athènes, pour le vendre, et surtout du vin de Cos. Au contraire, c'est de nos environs qu'on porte du vin dans le Pont, c'est de Péparèthe et de Cos, de Tha-sos et de Mendé, et d'autres villes encore. Ce qu'on apporte du Pont ici est toute autre chose que du vin. Cependant nous les retenions, nous les pressions pour savoir si quelques effets avaient été sauvés dans le Pont ; Lacrite répondit alors qu'il avait sauvé cent statères de Cyzique, et que son frère avait prêté cet or dans le Pont à un capitaine de Phasélis, son concitoyen et son ami, et qu'il ne pouvait le ravoir, en sorte que cela même devait être considéré comme perdu. Voilà ce qu'a dit Lacrite, mais l'acte ne dit pas cela, juges. Il prescrit à nos adversaires d'employer le prix de leur fret à acheter un fret de retour qu'ils rapporteront à Athènes; il ne les autorise nullement à prêter nos fonds à qui ils voudront, dans le Pont, sans notre aveu. Ils doivent mettre à notre disposition le gage intact jusqu'à ce que nous ayons reçu le remboursement des sommes prêtées. Lis-moi l'acte encore une fois.

ACTE.

Est-il vrai, juges, que l'acte les autorise à prêter notre argent, et cela à un homme que nous ne connaissons pas, que nous n'avons même jamais vu? Ne porte-t-il pas, au contraire, qu'ils l'emploieront à acquérir du fret de retour, qu'ils rapporteront ce fret à Athènes, qu'ils nous le représenteront et le tiendront intact à notre disposition? Le contrat porte que rien ne doit prévaloir sur la lettre de l'acte, et qu'il ne sera permis d'alléguer ni loi, ni décret, ni quoi que ce soit contre la convention. Mais eux, dès le début, ils n'ont eu aucun souci de cette convention, et se sont servis de nos fonds comme s'ils leur appartenaient. Tant ces gens-là sont habiles à employer le dol et la fraude! Certes, j'en jure par le grand Jupiter et par tous les Dieux, je n'ai jamais blâmé ni condamné, juges, le désir qui porte à étudier l'art de la parole et à payer les leçons d'Isocrate. Je serais bien peu raisonnable si ce spectacle ne me laissait pas indifférent. Mais, par Jupiter, je ne veux pas que ces gens-là, parce qu'ils méprisent les autres et se croient habiles, se croient en droit de convoiter le bien d'autrui et de s'en emparer, comptant sur l'effet de leur parole. C'est là le fait d'un sophiste qui n'a aucun souci de l'honnête, et qui aura un jour à s'en repentir. Ce Lacrite, juges, ne se présente pas ici fort de son droit; non, il sait parfaitement tout ce dont ils se sont rendus coupables à l'occasion de ce prêt; il se dit qu'il est habile, qu'il trouvera facilement de belles paroles pour couvrir des actes malhonnêtes, et pense qu'il vous conduira où il voudra. C'est un art dans lequel il se vante d'être maître, il se fait payer et réunit des disciples pour l'enseigner. Et pour commencer, il a dressé ses frères à cette manœuvre que vous voyez, malhonnête et illicite, juges, qui consiste à emprunter à la grosse des fonds sur notre place, à les détourner et à ne pas les rendre. Où trouver des gens plus malhonnêtes que celui qui enseigne de pareilles choses, ou que ceux qui reçoivent ces leçons ? Puisqu'il est si habile, si fort de sa parole et des mille drachmes qu'il a données à son maître, forcez-le de vous prouver qu'ils n'ont pas reçu de nous les fonds, ou qu'après les avoir reçus ils les ont rendus, ou que le contrat de prêt à la grosse ne doit pas être exécuté, ou que les fonds doivent être employés à une autre destination que celle pour laquelle ils les ont reçus d'après le contrat. Qu'il vous prouve une seule de ces choses, celle qu'il voudra, et moi tout le premier je suis prêt à le tenir pour très-habile s'il parvient à vous convaincre, vous qui jugez les affaires commerciales. Mais je sais bien qu'il ne parviendra jamais ni à vous proposer cette preuve, ni à porter la conviction dans vos esprits.

Mais laissons cela et, au nom des dieux, juges, écoutez encore ceci. Si c'était le contraire qui fût arrivé ; si, au lieu d'avoir pour débiteur son frère qui est mort, je devais à ce frère un talent ou quatre-vingts mines, plus ou moins, croyez-vous que Lacrite tiendrait encore le langage dont il se sert aujourd'hui ? Dirait-il qu'il n'est pas héritier et qu'il a renoncé à la succession de son frère ? Ne me poursuivrait-il pas durement comme il a poursuivi les autres débiteurs du défunt, à Phasélis et ailleurs ? Et si quelqu'un d'entre nous, assigné par lui, osait opposer un déclinatoire et soutenir que l'action n'est pas recevable, certes il ne ménagerait ni son indignation ni ses plaintes. Il s'écrierait que son droit serait violé, les lois méconnues si l'un d'entre nous votait pour que l'action, qui est bien commerciale, fût déclarée non recevable. Eh bien, Lacrite, si cela te paraît juste pour toi, pourquoi ne le serait-ce pas aussi pour moi-même ? Est-ce que la loi n'est pas la même pour nous tous ? le droit qui régit les actions commerciales n'est-il pas le même ? Mais son effronterie n'a plus de bornes, et il n'a pas son pareil pour l'improbité. Il entreprend de vous faire voter contre la recevabilité de cette action commerciale, au moment même où vous siégez pour juger les actions de ce genre. Et que demandes-tu, Lacrite ? Ce n'est pas assez que nous ayons perdu ce que nous vous avons prêté, tu veux encore que nous soyons conduits en prison par vous, si nous ne pouvons payer l'amende. Ne serait-ce pas, juges, une chose triste, déplorable, honteuse pour vous, si ceux qui ont prêté à la grosse sur votre place, et qui ont été dépouillés, étaient traînés en prison par ceux-là mêmes qui leur ont emprunté et qui les dépouillent ? C'est là pourtant, Lacrite, ce que tu demandes à ceux qui nous écoutent. Mais à qui donc, juges, faut-il demander justice au sujet d'affaires commerciales ? A quels magistrats ? en quel moment ? Est-ce aux onze ? mais les onze connaissent de l'effraction, du vol, et de tous les méfaits que la loi punit de mort. Sera-ce à l'archonte ? mais l'archonte est chargé de veiller aux intérêts des filles héritières, des orphelins, des parents outragés. Ce sera donc à l'archonte-roi ? mais nous ne sommes pas des gymnasiarques, et nous n'accusons personne d'impiété. Eh bien, les juges seront saisis par le polémarque ! Oui, s'il s'agit d'affranchis ingrats envers leurs anciens maîtres, ou d'étrangers domiciliés, accusés pour ne pas avoir de patrons. Restent enfin les stratéges. Mais ils désignent les triérarques, et ne défèrent aux juges aucune action commerciale. Or je suis commerçant, et toi tu es frère et héritier d'un commerçant, de celui-là même à qui nous avons prêté suivant l'usage du commerce. Où faut-il donc porter cette action ? Parle, Lacrite, pourvu que ta réponse ne méconnaisse ni le droit ni les lois. Mais bien habile serait celui qui pourrait répondre en droit à une question ainsi posée.

Ce n'est pas tout, juges, et j'ai encore d'autres sujets de plainte contre Lacrite. Je n'ai pas seulement été dépouillé de mon argent ; je me verrais en outre exposé par son fait aux plus terribles dangers, si le contrat même que j'ai passé avec mes adversaires ne venait à mon secours, et ne témoignait que j'ai prêté les fonds pour un voyage au Pont, et retour à Athènes. Vous connaissez en effet la loi, juges, vous savez combien elle est rigoureuse pour le cas où un Athénien envoie du blé ailleurs qu'à Athènes, ou prête de l'argent à destination d'une autre place que celle d'Athènes ; vous savez quelles sont les peines en pareil cas, combien grandes et terribles. Mais plutôt lis-leur la loi, pour la leur faire plus exactement connaître.

[LOI.

« Il est interdit à tout Athénien et à tout étranger domicilié à Athènes, et à toutes personnes en leur puissance, de prêter de l'argent sur un navire qui ne serait pas destiné à porter du blé à Athènes.—Suivent les dispositions particulières pour chaque cas. — Si un prêt est fait contrairement à la loi, la dénonciation sera reçue, et la confiscation de l'argent poursuivie devant les commissaires de l'approvisionnement, dans les mêmes formes que pour le navire et le blé. Le prêteur n'aura pas d'action pour l'argent qu'il aura prêté à une autre destination que celle d'Athènes, et aucun magistrat n'en pourra saisir les juges. »

Telles sont, juges, les rigueurs de la loi ; mais eux, les plus infâmes de tous les hommes, quand le contrat porte expressément qu'il y aura retour à Athènes, ont transféré à un tiers, pour être porté à Chios, ce qu'ils avaient emprunté de nous à Athènes. En effet le capitaine phasélite voulait contracter un nouvel emprunt, étant au Pont, chez un marchand de Chios. Le Chiote ne voulait pas prêter, à moins que le capitaine n'affectât à la garantie du prêt tout le chargement de son navire, et que les créanciers antérieurs ne lui transférassent leurs droits ; en conséquence ils lui ont transféré en garantie tout ce chargement qui était à nous, et ont mis le tout entièrement à sa disposition. C'est ainsi qu'ils sont partis du Pont avec le capitaine phasélite et avec le prêteur de Chios, et qu'ils ont abordé au port des Voleurs au lieu de se rendre à votre marché. Et maintenant, juges, les fonds prêtés à Athènes pour un voyage au Pont avec retour à Athènes ont été portés par eux à Chios. Rappelez-vous ce que je vous disais en commençant ce discours ; on ne vous a pas fait moins de tort à vous qu'à nous autres qui avons prêté les fonds ; et voici, juges, en quoi le dommage vous touche, c'est qu'un homme prétende se mettre au-dessus de vos lois, qu'il refuse d'exécuter un contrat maritime et le frappe d'impuissance, qu'il détourne enfin sur Chios les fonds qu'il a reçus de nous. Agir ainsi n'est-ce pas vous faire tort à vous-mêmes ?

Pour moi, juges, j'ai bien le droit de m'en prendre à eux, car c'est à eux que j'ai remis les fonds. Ils auront ensuite leur recours contre ce capitaine phasélite, leur concitoyen, à qui ils prétendent avoir prêté l'argent à notre insu, contrairement au contrat. Aussi bien nous ne savons pas ce qui s'est passé entre eux et leur concitoyen, mais eux doivent le savoir. Voilà ce qui nous paraît juste, et maintenant, juges, nous vous supplions de nous venir en aide pour le maintien de nos droits, et de punir les manœuvres et la fraude dont ces gens donnent l'exemple. Si vous faites cela, vous vous rendrez par ce vote un service à vous-mêmes, et vous ferez disparaître en même temps tous ces actes d'improbité, toutes ces fraudes que commettent certaines gens à l'occasion des contrats maritimes.

IV. — PLAIDOYER CONTRE DIONYSODORE.

Je suis participant dans le prêt dont il s'agit, Athéniens. Nous autres qui faisons valoir notre argent dans les entreprises maritimes, et qui confions à des mains étrangères tout ou partie de notre fortune, nous ne savons que trop combien l'emprunteur a d'avantages sur nous. En effet, il reçoit du bel et bon argent, la somme convenue, après quoi il nous remet, sur une tablette achetée deux pièces de cuivre, ou sur un tout petit morceau de papier, la promesse de s'acquitter un jour. Mais nous, nous ne promettons pas de donner un jour, nous donnons sur-le-champ notre argent à l'emprunteur. En qui donc avons-nous confiance, en qui trouvons-nous une garantie pour nous dessaisir de la sorte? En vous, juges, et en vos lois, aux termes desquelles toute obligation librement contractée par une personne envers une autre doit recevoir son exécution. Mais, à mon sens, ni les lois ni aucun contrat ne servent de rien si celui qui reçoit l'argent n'est pas parfaitement honnête, et s'il est capable tout à la fois de vous voir sans trembler et de regarder son créancier sans rougir. Ces deux sentiments sont également inconnus à Dionysodore; son audace ne connaît plus de borne. Il nous avait emprunté à la grosse sur son navire trois mille drachmes pour un voyage avec retour à Athènes, et nous devions rentrer dans nos fonds l'année dernière pendant la saison. Au lieu de cela il a, au retour, dirigé le navire sur Rhodes, il a détourné le chargement vers une destination nouvelle et l'a vendu, contrairement au contrat et à vos lois. De Rhodes il a de nouveau envoyé le navire en Égypte, et d'Égypte à Rhodes. Et nous qui lui avons prêté à Athènes, nous n'avons pas encore obtenu qu'il nous rende nos fonds ou qu'il nous représente notre gage. Loin de là, voici la deuxième année qu'il fait travailler notre argent à son profit, et tout en gardant par devers lui et le capital prêté, et les intérêts, et le navire affecté à notre garantie, il ne s'en présente pas moins devant vous avec assurance, comptant bien nous faire porter la peine de l'épobélie, et nous détenir en prison après nous avoir dépouillés de notre argent. Nous vous prions donc, Athéniens, et nous vous conjurons, tous tant que vous êtes, de nous venir en aide si vous trouvez qu'on nous fasse tort. Je veux vous expliquer tout d'abord comment notre convention s'est formée ; cela fait, vous me suivrez très-facilement.

Dionysodore que voici, Athéniens, et son associé Parménisque vinrent nous trouver l'année dernière, au mois de Métagitnion, et nous dirent qu'ils voulaient emprunter sur leur navire, pour un voyage en Égypte, et d'Égypte à Rhodes ou à Athènes, à des intérêts différents pour chacune de ces deux places. Nous répondîmes, juges, que nous ne prêterions pour aucune autre place que celle d'Athènes ; ils s'engagèrent, en conséquence, à revenir ici ; à cette condition, nous leur prêtâmes sur leur navire trois mille drachmes pour un voyage d'aller et retour, et ils passèrent du tout un contrat par écrit. Pamphile que voici figura seul comme prêteur dans ce contrat. Pour moi, je m'intéressai dans le prêt comme participant, mais sans être en nom. Et d'abord on va vous lire les termes du contrat.

CONTRAT.

En exécution de ce contrat, juges, Dionysodore que voici et son associé Parménisque reçurent de nous les fonds et envoyèrent le navire d'ici en Égypte. Parménisque monta lui-même sur le navire, Dionysodore resta ici. Or tous deux, juges, il faut encore que vous sachiez cela, étaient les agents et les facteurs de Cléomène, l'ancien gouverneur de l'Égypte, qui, du jour où il a reçu ce gouvernement, a fait beaucoup de mal à notre ville, et plus encore aux autres Grecs, en accaparant les blés, et en soutenant les prix, lui et ceux qui s'entendaient avec lui. Les uns expédiaient d'Égypte les marchandises, d'autres les accompagnaient sur mer et s'occupaient du trafic, d'autres enfin restant ici disposaient des chargements qui leur étaient consignés. Puis, suivant le cours, les gens d'ici écrivaient à ceux des autres places. Si chez nous le blé était cher, ils en faisaient venir ; si les prix tendaient à la baisse, ils le faisaient diriger sur d'autres marchés. De là, juges, sont résultées de fréquentes hausses sur les blés, par l'effet de ce concert et de ces correspondances. Or, le jour où partit le navire expédié par nos adversaires ils laissaient ici le blé à un prix élevé ; c'est pourquoi ils consentirent à mettre dans le contrat qu'au retour le terme du voyage serait Athènes, à l'exclusion de tout autre port. Depuis, juges, eut lieu le retour des navires partis pour la Sicile ; les cours des blés commencèrent à baisser, et cependant le navire de nos adversaires arrivait en Égypte. Aussitôt Dionysodore envoie quelqu'un à Rhodes, pour faire connaître à son associé Parménisque l'état de notre place, sachant bien que le navire devait nécessairement relâcher à Rhodes ; et il en vient à ses fins. En effet, Parménisque, associé de Dionysodore, ayant reçu la lettre de celui-ci, et connaissant la baisse du blé sur le marché d'Athènes, décharge son blé à Rhodes et le vend sur la place ; et tout cela, juges, s'est fait au mépris du contrat et des clauses pénales auxquelles ils s'étaient soumis eux-mêmes pour toute contravention, au mépris de vos lois qui enjoignent à tous capitaines et gens de mer de se rendre au port indiqué dans les conventions, et les frappent des plus fortes peines s'ils font autrement. Pour nous, à la première nouvelle de l'événement, consternés de ce procédé, nous allâmes trouver Dionysodore, qui avait été l'âme de toute l'affaire, nous lui fîmes nos plaintes, comme de raison. Ainsi, lui disions-nous, après avoir expressément stipulé dans le contrat qu'au retour le navire se rendrait à Athènes et non ailleurs, après n'avoir prêté notre argent qu'à ces conditions, il nous laissait exposés au soupçon, en butte aux accusations des gens qui viendraient dire que nous avions une part dans cet envoi de blés à Rhodes ; et ni lui ni Parménisque ne s'étaient nullement inquiétés de conduire leur navire dans votre port, quoiqu'ils s'y fussent engagés par le contrat. Après avoir vainement invoqué le contrat et nos droits, nous insistâmes pour recevoir tout au moins le capital prêté et les intérêts convenus dès le principe. Mais Dionysodore nous traita rudement et alla jusqu'à déclarer qu'il ne payerait pas les intérêts portés au contrat. « Si vous voulez, dit il, recevoir une fraction proportionnelle à ce qui a été fait sur le voyage, je vous payerai les intérêts jusqu'à Rhodes, mais rien de plus. » C'est ainsi qu'il réglait les choses à sa discrétion, sans s'inquiéter des droits que le contrat nous conférait. Comme nous refusions de faire la moindre concession à cet égard, comprenant bien qu'agir ainsi c'était reconnaître notre participation à l'envoi des blés à Rhodes, Dionysodore insista davantage encore, et, accompagné de nombreux témoins, vint nous trouver à son tour, en déclarant qu'il était prêt à payer le capital et les intérêts jusqu'à Rhodes, non pas, juges, qu'il eût réellement l'intention de nous rien donner, mais il pensait bien que nous ne voudrions pas recevoir l'argent, de peur de nous compromettre. C'est ce que la suite a bien prouvé. En effet, Athéniens, quelques-uns de vos concitoyens qui se trouvèrent là par hasard nous conseillèrent de prendre ce qu'on nous donnait, et de plaider pour ce qu'on nous contestait, en ayant soin de ne pas reconnaître avant le jugement à intervenir que les intérêts étaient dus seulement jusqu'à Rhodes ; et nous, juges, nous y consentîmes, n'ignorant pas les droits résultant pour nous du contrat, mais pensant qu'il fallait faire un sacrifice, abandonner quelque chose, pour éviter de paraître aimer les procès ; mais lui, comme il nous voyait prêts à le suivre : « Ainsi donc, dit-il, vous annulez le contrat ? » — « Nous l'annuler ! En aucune façon. Nous déclarerons, en présence du banquier, l'obligation éteinte jusqu'à concurrence de la somme que tu vas nous donner ; mais pour annuler le contrat tout entier, nous ne pouvons y consentir jusqu'à ce qu'il y ait jugement sur la somme contestée. Et, en effet, qu'aurons-nous de valable et de sérieux à dire, s'il faut nous présenter devant l'arbitre ou devant le tribunal, après avoir annulé le contrat qui est la seule garantie de nos droits ? » Tel fut, juges, notre langage. Nous demandions à Dionysodore de ne pas toucher à l'acte, de ne pas le déchirer après qu'eux-mêmes l'avaient reconnu valable ; nous voulions qu'il nous payât ce dont il s'avouait débiteur, et que, pour la somme contestée, l'affaire fût remise, comme se trouvant en état, au jugement d'un, ou, s'il le préférait, de plusieurs arbitres, pris parmi les négociants de cette place. Dionysodore ne voulut écouter aucune de ces propositions, et parce que nous avons refusé de déchirer le contrat après avoir reçu ce qu'il nous offrait, voici bientôt deux ans qu'il garde notre argent et qu'il s'en sert. Ce qu'il y a de plus odieux, juges, c'est que lui-même touche les intérêts maritimes de ces fonds qui nous appartiennent, et qu'il a prêté, non pas à Athènes ni à destination d'Athènes, mais à destination de Rhodes et de l'Égypte, tandis que nous qui avons prêté à destination de votre place, nous ne pouvons obtenir de lui qu'il remplisse ses obligations. Pour prouver que je dis vrai on va vous lire la sommation que nous lui avons faite à cette occasion.

SOMMATION.

C'est en ces termes, juges, que nous avons sommé Dionysodore, et à plusieurs reprises, et nous avons ensuite prolongé le délai fixé par notre sommation; mais lui dit que nous étions bien simples si nous nous imaginions qu'il serait assez insensé pour aller devant un arbitre où il serait infailliblement condamné à payer, tandis qu'il pouvait se présenter devant le tribunal avec les fonds, et alors ou bien vous tromper et s'en aller ainsi riche du bien d'autrui, ou, s'il n'y parvenait pas, éviter une condamnation en consignant; ce n'est pas qu'il eût confiance dans la justice de sa cause, mais il voulait courir cette chance avec vous.

Vous êtes maintenant instruits, juges, de ce qu'a fait Dionysodore. Vous êtes surpris sans doute au récit de tant d'audace, en voyant sur quoi se fonde sa confiance au moment où il se présente ici. N'est-ce pas, en effet, une audace inouïe? Après avoir emprunté de l'argent sur la place d'Athènes, après s'être expressément engagé par un acte écrit à ramener le navire dans votre port, ou, faute de ce faire, à payer deux fois le capital, il n'a pas ramené le navire au Pirée, il ne rend pas l'argent aux prêteurs, et quant au blé il l'a déchargé et vendu à Rhodes. Et après avoir fait tout cela, il n'en ose pas moins vous regarder en face. Voici ce qu'il répond : Il dit qu'au retour d'Égypte le navire s'est brisé et qu'on a été forcé par là de relâcher à Rhodes et d'y mettre le blé à terre, et pour preuve, il aurait, à ce qu'il prétend, frété des alléges à Rhodes et envoyé ici une certaine quantité de marchandises. Tel est le premier moyen de sa défense ; voici le second : Il dit que d'autres prêteurs ont consenti à ne prendre les intérêts que jusqu'à Rhodes; nous serions bien durs de ne pas faire la même concession. En troisième lieu enfin il dit qu'aux termes du contrat, il est tenu de rendre l'argent si le navire revient à bon port ; or le navire n'est pas revenu à bon port au Pirée. A chacun de ces arguments, juges, voici ce que nous répliquons :

D'abord, lorsqu'il dit que le navire s'est brisé, c'est un mensonge, et je crois que vous en êtes tous bien convaincus. Si cet accident était arrivé au navire, on n'aurait pu le conduire jusqu'à Rhodes, ni lui faire reprendre la mer. Or on voit ce navire arrivé à bon port à Rhodes, reparti ensuite de là pour l'Égypte, naviguer en ce moment même pour toute destination, excepté celle d'Athènes. Est-ce là se défendre sérieusement? S'il faut conduire le navire au port d'Athènes, on dit qu'il est brisé; mais s'il faut faire arriver le blé à Rhodes, alors il se trouve que ce même navire est en état de tenir la mer.

Mais, dit-il, pourquoi ai-je frété des alléges, pourquoi ai-je transbordé le chargement et l'ai-je expédié ici? La raison, Athéniens, c'est que ni lui, ni son associé n'étaient propriétaires de toutes les marchandises. Ce sont donc, je pense, les passagers qui ont envoyé ici leurs effets, et affrété des alléges par nécessité, le voyage étant rompu par le fait de nos adversaires. Quant aux marchandises dont ces derniers étaient propriétaires, ils ne les ont pas toutes expédiées ici, mais seulement celles dont le prix était élevé sur notre place. Aussi bien pourquoi, ayant affrété d'autres bâtiments, comme vous le dites, n'avez-vous pas transbordé tout le chargement du navire? Pourquoi avez-vous laissé le blé à Rhodes? C'est que, juges, c'était leur intérêt de le vendre là. Ils savaient, en effet, qu'ici les cours étaient en baisse. Mais ils ont envoyé chez vous le reste des marchandises, sur lesquelles ils espéraient gagner. Ainsi ces affrétements dont tu parles prouvent non pas que votre navire fût brisé, mais qu'il y avait intérêt pour vous à prendre ce parti.

J'en ai assez dit sur ce point. Quant aux prêteurs qu'il dit avoir consenti à recevoir d'eux les intérêts seulement jusqu'à Rhodes, cela ne nous regarde pas. Si quelqu'un a renoncé en votre faveur à une partie de ses droits, du moment qu'il a consenti il n'a plus à se plaindre. Mais nous, nous ne t'avons rien concédé, nous n'avons pas consenti au voyage de Rhodes. Pour nous, il n'y a rien au-dessus de la loi du contrat. Que dit-il donc, ce contrat? Qu'exige-t-il en ce qui concerne la destination du

navire? d'Athènes en Égypte et d'Égypte à Athènes, faute de
quoi les emprunteurs payeront deux fois le capital. Si tu as fait
cela, tu as rempli ton obligation ; si tu ne l'as pas fait, si tu n'as
pas ramené ton navire à Athènes, tu as encouru la clause pénale. Et cette condition, ce n'est pas un autre qui te l'a faite :
tu te l'es imposée à toi-même. Prouve donc aux juges de deux
choses l'une : ou que le contrat ne nous confère aucun droit, ou
ue tu n'es pas tenu de t'y conformer. Si quelques prêteurs
t'ont fait une concession, s'ils ont consenti à recevoir les intérêts seulement jusqu'à Rhodes, déterminés je ne sais par quelle
raison, suit-il de là que tu ne nous fasses pas tort quand, au mépris du contrat, tu fais aborder le navire à Rhodes? Je ne le
crois pas. Ces juges que tu vois ne sont pas ici pour connaître
des concessions qui ont pu t'être faites par d'autres. Il s'agit pour
eux du contrat que tu as fait avec moi. Et, au surplus, cette remise d'intérêts, si elle a eu lieu, comme nos adversaires le disent, a eu lieu au profit des prêteurs. Cela est évident pour tout
le monde. Ceux qui au départ d'Égypte avaient prêté à Dionysodore et Parménisque pour un voyage à Athènes sans retour,
étant arrivés à Rhodes et voyant le navire entré au port, n'a-
vaient aucune raison pour se refuser à remettre une partie des
intérêts ni à recevoir leur capital à Rhodes, de façon à le prêter
de nouveau pour l'Égypte. Cela faisait même bien mieux leur
affaire que de poursuivre le voyage jusqu'ici. En effet la navigation n'est jamais interrompue entre Rhodes et l'Égypte, et
de la sorte ils pouvaient tirer de la même somme un double et
triple profit; à Athènes, au contraire, il fallait séjourner, passer
l'hiver, et attendre la saison. Ces prêteurs dont ils parlent
ont donc augmenté leurs bénéfices, bien loin de faire aucune
concession. Quant à nous, non-seulement nous demandons les
intérêts, mais nous ne pouvons même pas recouvrer notre capital.

Ne vous prêtez donc pas à cette manœuvre d'un homme qui
veut vous tromper en donnant comme exemple ce qui s'est
passé avec les autres prêteurs. Ramenez-le au contrat, et aux
droits résultant du contrat. Aussi bien c'est là ce qui me reste à
discuter, et c'est précisément là qu'il triomphe, soutenant que,
d'après le contrat, il doit rendre l'argent prêté si le navire revient à bon port. C'est aussi ce que nous soutenons, nous. Je

voudrais seulement savoir de toi si tu entends plaider que le navire a péri, ou qu'il est arrivé à bon port. Car si le navire a péri et n'existe plus, pourquoi contestes-tu le chiffre des intérêts? Pourquoi nous offres-tu la portion afférente au voyage de Rhodes? En ce cas, il n'y a plus pour nous ni intérêt, ni capital à recevoir. Si le navire est sauf et n'a pas péri, pourquoi ne nous payes-tu pas la somme convenue? Comment vous prouverai-je, Athéniens, que le navire est sauf? La meilleure preuve c'est qu'il est en mer); une autre preuve non moins forte se tire du langage même que tiennent nos adversaires. Ils veulent, en effet, que nous recevions le capital et une fraction des intérêts, parce que le navire, tout en étant sauf, n'a cependant pas achevé le voyage. Voyez maintenant, Athéniens, si c'est nous qui nous conformons à la loi du contrat, ou si ce sont eux, au contraire; eux qui, au lieu de se rendre au port convenu, se sont rendus à Rhodes, et en Égypte; qui, le navire étant sauf et n'ayant pas péri, croient pouvoir exiger une remise sur les intérêts, après avoir violé le contrat; qui, ayant gagné beaucoup d'argent en portant ainsi du blé à Rhodes, retiennent nos fonds et en profitent depuis bientôt deux ans. On n'a jamais vu pareille chose. Ils veulent bien nous payer le capital, ce qui suppose que le navire est sauf, mais ils nous refusent les intérêts en disant que le navire a péri. Et pourtant le contrat ne dispose pas d'une manière pour les intérêts et d'une autre manière pour le capital. La même règle est établie pour l'un et l'autre objet, et le mode de recouvrement est le même. Lis encore une fois le contrat.

CONTRAT.

Vous l'entendez, Athéniens, il porte d'Athènes en Égypte, et d'Égypte à Athènes. Lis le reste.

CONTRAT.

Athéniens, rien n'est plus simple que le jugement de cette affaire, et il n'est pas besoin de longs discours. Que le navire ne soit pas perdu, qu'en ce moment même il soit sauf, c'est ce dont nos adversaires conviennent eux-mêmes. Autrement ils ne voudraient pas nous payer le capital prêté et une fraction des intérêts. Mais le navire n'a pas été ramené au Pirée. C'est précisément en cela qu'on nous a fait tort, disons-nous, à nous prêteurs; c'est là-dessus que nous plaidons, à savoir qu'on n'a pas achevé le voyage jusqu'au port désigné par le contrat. Dionysodore prétend qu'il ne nous fait pas tort en cela, qu'il n'est pas tenu de payer intégralement les intérêts jusqu'au Pirée. Mais que dit le contrat? Rien de semblable à ce que tu dis, Dionysodore. Il porte que si tu ne rends pas le capital et les intérêts, ou si tu ne représentes pas apparents et intacts les objets affectés à l'emprunt, ou si tu fais quoi que ce soit contre ce qui est convenu, tu payeras une somme double. Lis-moi ce passage du contrat.

CONTRAT.

« S'ils ne représentent pas apparents et intacts les objets affectés à l'emprunt, ou s'ils font quelque chose contre le contrat, ils payeront une somme double. »

As-tu donc jamais représenté le navire depuis que tu as reçu de nous les fonds, et pourtant tu reconnais toi-même qu'il est sauf. L'as-tu ramené, depuis ce moment, au port d'Athènes, quand le contrat porte expressément que tu ramèneras le navire au Pirée et que tu le représenteras effectivement aux prêteurs? C'est le point important, Athéniens. Voyez l'excès d'audace. Le navire s'est brisé, dit-il, c'est pour cela qu'il a fallu le conduire à Rhodes ; c'est après cela qu'il a été réparé et mis en état de reprendre la mer. Mais pourquoi donc, mon cher, l'avez-vous envoyé en Égypte et vers d'autres ports, pourquoi jusqu'ici ne l'avez-vous pas encore envoyé à Athènes, vers nous prêteurs, à qui tu dois, aux termes du contrat, représenter le navire apparent et intact, et cela au mépris de nos demandes et de nos sommations réitérées ? Quand tu as encouru la peine du double portée au contrat, tu as le courage ou plutôt tu as l'impudence de dire que tu ne payeras même pas l'intérêt acquis, tu veux que nous recevions les intérêts seulement jusqu'à Rhodes, comme si ta volonté devait prévaloir sur le contrat, et tu oses soutenir que le navire n'est pas arrivé à bon port au Pirée. Mais tu mériterais que nos juges t'envoyassent à la mort. En effet, juges, à qui la faute si le navire n'est pas arrivé à bon port au Pirée? Est-ce à nous qui avons prêté expressément pour l'Égypte et Athènes, ou bien est-ce à lui et à son associé qui, après avoir emprunté à la condition de revenir à Athènes, ont conduit le navire à Rhodes ? Qu'en cela ils aient agi volontairement et non par force majeure, c'est ce qui résulte de toutes les circonstances. En effet, je suppose qu'il y ait eu réellement cas fortuit, et que le navire se soit réellement brisé ; mais en ce cas, après avoir fait radouber le navire, ils ne l'auraient pas ensuite frété pour d'autres ports, ils l'auraient envoyé chez vous, pour atténuer les conséquences de l'accident. Eh bien ! non-seulement ils n'ont pas fait cela, mais à leurs torts anciens ils en ont ajouté de nouveaux et de plus grands, et c'est par dérision qu'ils se présentent pour plaider devant vous, comptant bien qu'il dépendra d'eux, si vous les condamnez, de se libérer en payant le capital et les intérêts. C'est à vous, Athéniens, de ne pas vous prêter à cette manœuvre, de ne les laisser pas courir cette double chance : ou de garder le bien d'autrui s'ils réussissent, ou de se libérer en payant ce qu'ils doivent s'ils ne parviennent pas à vous tromper. Prononcez contre eux la peine stipulée au contrat. Eh quoi ! ils auraient porté contre eux-mêmes, dans un acte écrit, la peine du double pour toute infraction au contrat, et vous, vous seriez envers eux plus cléments qu'eux-mêmes, et pour des torts dont vous avez souffert comme nous !

Le point de droit dans cette affaire est court et facile à retenir. Nous avons prêté à Dionysodore que voici et à son associé trois mille drachmes d'Athènes en Égypte et d'Égypte à Athènes. Nous n'avons reçu ni le capital ni les intérêts. Au contraire, voici deux ans qu'ils se servent de nos fonds. A l'heure qu'il est ils n'ont pas encore ramené le navire dans votre port, ils ne nous l'ont pas représenté. Or, le contrat porte que s'ils ne représentent pas le navire, ils payeront le double, et seront tenus solidairement, chacun pour le tout. Armés de ces droits, nous nous sommes présentés devant vous, demandant à recouvrer nos fonds de par vous, puisque nous ne pouvons rien obtenir d'eux-mêmes. Tel est notre langage à nous, et maintenant voici le leur. Ils reconnaissent qu'ils ont emprunté et qu'ils n'ont pas payé, mais ils soutiennent qu'ils ne sont pas tenus de payer les intérêts portés au contrat, qu'ils doivent seulement les intérêts jusqu'à Rhodes, quoiqu'ils ne puissent invoquer ni contrat, ni transaction. Dans ces circonstances, Athéniens, si nous

plaidions devant un tribunal rhodien, peut-être l'emporteraient-
ils sur nous, à cause du service rendu en apportant du blé à
Rhodes, en y conduisant le navire. Mais aujourd'hui nous nous
présentons devant des Athéniens, nous avons un contrat fait en
vue de votre place, nous ne devons pas être sacrifiés à ceux qui
nous ont fait tort, à nous et à vous-mêmes.

Ce n'est pas tout, Athéniens ; sachez bien qu'en jugeant aujourd'hui cette seule cause, vous faites une loi pour toute la
place. Beaucoup de ceux qui font valoir leur argent dans les
entreprises maritimes assistent à ces débats et ont les yeux atta-
chés sur vous pour voir comment vous jugerez cette affaire. Si
vous déclarez que les contrats et les conventions réciproques
doivent recevoir leur exécution, si vous n'avez aucune indul-
gence pour ceux qui osent les enfreindre, les gens qui s'occupent
de ces sortes d'affaires seront plus disposés à se dessaisir de
leurs fonds, et ce sera un grand profit pour votre place. Mais s'il
est permis aux gens de mer, quand ils se sont engagés par écrit
à revenir à Athènes, de conduire le navire dans d'autres ports
en disant qu'il est brisé, ou en alléguant des prétextes semblables
à ceux dont se sert aujourd'hui Dionysodore ; s'il leur est permis
de fractionner les intérêts en proportion du voyage qu'ils diront
avoir fait, et contrairement aux termes du contrat, il n'y a plus
de conventions qu'ils soient tenus de respecter. Qui voudra
livrer ses fonds quand il verra les contrats impuissants, un semblable langage triomphant et le droit sacrifié aux sophismes de
ceux qui ont osé l'enfreindre ? Vous ne ferez pas cela, juges, car
cela n'est bon ni pour la masse du peuple, ni pour les gens qui
font valoir leurs fonds dans le commerce, gens très-utiles à la
chose publique toute entière et à chacun en particulier. C'est
pourquoi vous devez prendre en main leurs intérêts.

J'ai dit, pour ma part, tout ce que je pouvais dire. Je désire
maintenant qu'un de mes amis vous parle encore pour moi. Approche, Démosthène !

Paris. — Typographie HENNUYER ET Fils, rue du Boulevard, 7.

ERRATA

Page 27, ligne 13, *au lieu de :* nous ne te demandons que d'épargner Protos,
   lisez : nous ne te demandons pas d'épargner Protos.
Page 27, ligne 17, *au lieu de :* Si ce défaut n'avait pas été contesté entre vous,
   lisez : Si ce défaut n'avait pas été concerté entre vous.
Page 27, ligne 29, *au lieu de :* Ils accusent Démosthène, *lisez :* Ils accuseront
   Démosthène.